W0040373

Gib Raum den Dingen

Gib Raum den Dingen

Romano-Guardini-Lesebuch

Ausgewählt und eingeleitet von
Hanna-Barbara Gerl-Falkovitz

MATTHIAS
GRÜNEWALD
VERLAG

Der Matthias-Grünewald-Verlag ist Mitglied
der Verlagsgruppe engagement

Umschlaggestaltung: Finken & Bumiller, Stuttgart
Gesamtherstellung: Matthias-Grünewald-Verlag, Ostfildern

ISBN 978-3-7867-2731-6

Inhalt

Einleitung

»Herz ist Geist in der Nähe des Blutes.« Dieser mündliche Aus-
spruch fasst gedrängt und klar – wie so viele von Guardinis
Worten – eine im 20. Jahrhundert selten formulierte »Philosophie des Herzens« zusammen. Deutlicher: »Herz ist der vom
Blut her heiß fühlend gewordene, aber zugleich in die Klarheit
der Anschauung, in die Deutlichkeit der Gestalt, in die Präzision des Urteils aufsteigende Geist.«

Es sind solche in Sprache und Gehalt ungewohnten Sätze, getragen vom Gesicht eines langen und angefochtenen Lebens,
die Guardini zum Lehrer von mehr als zwei Generationen
machten. Wie es schon die Feier seines 100. Geburtstages 1985
zeigte, wird Guardini als »Jahrhundertgeschenk« wiederent-
deckt: Das Schweigen, das sich vor seinem Tod in München im
ominösen Jahr 1968 auf ihn legte, wird nun von neuen Lesern
der jungen Generation durchbrochen; sein Geburtsland Italien
widmet ihm eine 27-bändige Gesamtausgabe. Wer war dieser
Mann?

Wagen wir eine kühne Kennzeichnung: »Er ist ein Denker au-
gustinischen Geblüts; von jener Art, darin sich Metaphysik
und tiefes Wissen um die Seele verbinden. Zugleich ein Huma-
nist, von feiner Kultur des Wortes. Und ein Erzieher jener großen Art, die mit geringstem Aufwand erzieht; durch das, was
sie ist, durch die Atmosphäre, die sie schafft, und eine leben-
zeugende, aus ruhiger Schönheit schwingende Liebe. Er ist

noch mehr gewesen: ein confessor, der einen großen Kampf mit unüberwindlicher, aber ganz stiller Kraft führt.« Kühn ist dieses Charakterbild, weil es von Guardini selbst 1924 auf Anselm von Canterbury geschrieben wurde. Was Guardini von diesem Lehrer sagt, überträgt sich heute unschwer auf ihn selbst. Die meisten seiner unzähligen Hörer und Freunde, mit denen Guardini in der Jugendbewegung auf Burg Rothenfels seit 1920 und in den Universitäten Berlin (1923–1939), Tübingen (1945–1948) und München (1948–1962) in Berührung kam, empfanden ihn als den ruhig schaffenden, unerhört wegweisenden Lehrer. Und in der Tat wurde an ihm eine seltene, nicht normierbare Gabe der »Augenöffnung« sichtbar, Last und Geschenk in einem – weil Guardini nicht in der festgefügten Ordnung einer Disziplin, sei es Theologie oder Philosophie, Literaturwissenschaft oder Pädagogik sprechen konnte. »Ich muß den Mangel an Fach immerfort durch mehr Geist ausgleichen«, notiert der Siebzigjährige, keineswegs hochmütig, in sein Tagebuch. Also eine lebenslange Selbstprüfung, ein Geraderichten auf die eigene »Wesensgestalt« – nicht umsonst findet er 1953, eindrucksvoll wie manch andere Titel, das Wort von der »Annahme seiner selbst«. So erzog der große Erzieher zunächst und auf Dauer sich selbst, bevor er der Jugend Rat und Weisung gab. Sinnlichkeit – verstanden als Reinigung der Sinne – trifft auf Sinn; dies war Grundgedanke seines Denkens und Tuns.

In den zwei bruchstückhaften Ansätzen einer Autobiografie, *Berichte über mein Leben* (1945), erscheint freilich noch ein »anderer« Guardini, der das bekannte »erasmische«, geklärte Bild nicht nur ergänzt, sondern bewegend verändert. Zur Sprache kommt dort eine merkwürdig verschattete Kindheit im elterlichen Haus in Mainz, wohin die Kaufmannsfamilie seit 1886 mit dem einjährigen, am 17. Februar 1885 in Verona geborenen Knaben für knapp 35 Jahre umsiedelte. Obwohl im Elternhaus fast ausschließlich italienische Sprache und Kultur gepflegt

[8]

wurden, wuchs der älteste Sohn mit drei jüngeren Brüdern unverlierbar in Sprache und Geistigkeit Deutschlands hinein – eine Spannung, die er nur durch den übergreifenden Gedanken an Europa in sich zu einem Ausgleich zu bringen vermochte. Auch Kindheit und Abitur 1903 liegen in Guardinis Erinnerung »wie unter Wasser«; der Knabe ist vielfältig begabt, aber ohne eine hervorstechende Anlage. Von der Mutter her trägt er ein Erbe der Schwermut in sich, das ihm ein Leben lang zu schaffen macht und das er 1928 in dem vielgelesenen Buch *Vom Sinn der Schwermut* zu einer geistigen Aufhellung führt. Das Studium bringt schmerzhafte Umwege für den jungen Mann, der in Tübingen Chemie studiert, dieses positivistisch ausgerichtete Studium abbricht und sich – wieder unberaten – auf die Nationalökonomie in München (ab 1904) und Berlin (ab 1905) verlegt. Das ungemäße Studienfach bringt ihn in eine Krise, die sich erst löst mit der unauffälligen, aber tief glückhaften Berufung zum Priestertum. Damit ist nach quälenden Umwegen der Weg gefunden, den Guardini zeit seines Lebens nicht mehr bezweifelte. Das Theologiestudium in Tübingen (ab 1906) gibt ihm endlich Sicherheit und Weite der Grundlagen: Guardini wird zu jenem Denker, der in geistiger Offenheit das Gespräch mit der »Welt« über das katholische Ghetto hinaus einleitete und selbst maßgeblich bestimmte. Guardini hat noch in den Nachwehen des Modernistenstreits die zeitgenössische Jugend für den *Sinn der Kirche* (1922) gewonnen, nachdem er sie zuvor mit dem Klassiker *Vom Geist der Liturgie* (1918) schon an das liturgisch geformte Beten, ja an den damals unerhörten Gedanken von der »Liturgie als Spiel« herangeführt hatte.

Ein weiterer schwerer Anfang war die in sich unbeschriebene Berufung auf den Lehrstuhl für »Religionsphilosophie und katholische Weltanschauung« in Berlin seit dem Sommersemester 1923 an einer protestantisch gefärbten Universität, die den jungen Professor anfänglich kaum zur Kenntnis nahm. Wohl aber taten dies die Hörer aus allen konfessionellen, auch glaubensfernen Kreisen, die Guardinis Begabung auf dem Zwischengebiet zwischen Philosophie, Theologie und Künsten binnen kurzem wahrnahmen. Es gelang dem zuerst so unsicheren Dozenten, in den 16 Berliner Jahren ein neues und streng an der Sache ausgerichtetes Verständnis christlichen Weltbezugs zu begründen. In den ganzheitlichen Blick auf die Welt bezog er – auf Max Schelers Rat hin – vor allem große europäische Gestalten ein, von Sokrates bis Rilke. Mit ihnen blickte er prüfend auf die »Sachhaltigkeit« des Christentums und stellte sie zugleich unter das Maß des »Blickes Christi«. Diese Gestaltdeutungen gipfelten in dem berühmten Buch *Der Herr* (1938), worin das Antlitz Jesu auf eine bestürzende, prägende Weise vergegenwärtigt wurde, und in der Deutung von *Welt und Person* (1938), die eine Antwort von hohem Rang auf die Existenzphilosophie Heideggers und das Autonomiedenken der Neuzeit vorstellte. 1939 brachte einen großen doppelten Einschnitt: Das Lehrverbot durch die Nationalsozialisten und die Enteignung von Burg Rothenfels beschränkten Guardini auf den Schreibtisch; der Krieg zwang ihn 1943–1945 ins Exil nach Mooshausen im schwäbischen Allgäu. 1945 nach Tübingen berufen, setzten die kulturkritischen Arbeiten ein: *Der Heilbringer in Mythos, Offenbarung und Politik* (1946), *Das Ende der Neuzeit* (1950), *Die Macht* (1951). Was Guardini hier, keineswegs wohlfeil, an Kritik der Technik, an Enthüllung von Gewalt durch die Möglichkeiten des Maschinenzeitalters und vor allem der daraus erwachsenen Mentalität leistet, was er aber auch zum Bestehen der übermäßigen Machtfülle an behutsamen und zugleich unnachgiebigen Vorschlägen aus christlicher Erhellung sagt, liest sich heute unabsichtlich modern.

Auch die Münchner Jahre seit 1948 kreisen mit großer denkerischer Energie um Ethik (»Wahrheit des Tuns«), Anthropologie und schließlich um die Gottesfrage. Die Tagebücher und vor allem die *Theologischen Briefe an einen Freund* (1964–1966) zeigen jenen Guardini, der in seinem Alter mit der Gefährdung durch die Endlichkeit ringt. Endlichkeit wird ihm ein Sinnbild des Dunklen, Nächtigen, in sich Verschlossenen der Schöpfung. Gott ist für den späten Guardini Antwort auf die Bedrohung, die im Raum der Schöpfung selbst liegt; sie erweist ihn als den Not-Wendenden, als Souverän über das persönliche Angefochtensein. »Geheime Erdbeben« laufen nach einem Wort Reinhold Schneiders durch Guardinis Texte; »Anfechtung und Treue« bleibt das Schlüsselwort für den Mann, der »ergreifend« wirkte und selbst ergriffen war. »Immer muß er einen Ketzer an seine Brust drücken und mit ihm ringen«, formulierte einer der zahllosen Hörer, Victor von Weizsäcker. »... abgründiger (kann es) gar nicht hinuntergehen als in der Klarheit mancher Nachmittage.« Solche Sätze hallen bis heute nach. Sie haben die Erinnerung an Romano Guardini nie verstummen lassen, den großen Lehrer, den Vordenker, der sich mit unerhörter Kühnheit in die Bedrohungen des Daseins hinunterließ. Aber von daher konnte er auch die Jugend, gerade in den schlimmen Jahren Deutschlands, in eine andere »abgründige Klarheit«, diejenige des Christentums, einführen.

Am 1. Oktober 2008 jährt sich der 40. Todestag des Theologen und Religionsphilosophen. Die vorliegende kleine Auswahl soll deutlich machen, worauf Guardinis unvergessene Anziehung beruht: auf dem ungewöhnlichen Wahr-Nehmen des Wirklichen, ausgespannt zwischen Geist und Blut. Selten ist es geworden, in Theologie und Philosophie ein solches Schlagen des Herzens zu vernehmen, einen solchen anstrengenden, bedrängten Gang durch die eigene »innere Geburtsmitte«, bis das lösende Wort gefunden ist. Theorie meint bei Guardini wirklich noch Schauen und auf diese Schau, auf die Reinigung von Auge und Ohr zielen die gewählten Texte. Sie beginnen mit dem Licht und enden bei der Kirche: Natur und Kultur treten in einen vielstimmigen Zusammenklang, wenn sich der geistige Raum dafür auftut.

»So tief die Stille! … Sei still auch du selbst! … Schweige, Denken! …Leg dich, ewiges Verlangen! … Gib Raum, gib Raum den Dingen … Sieh, wie sie sacht hervortreten aus der Verschlossenheit, aus dem stummen Dastehen, in das wir sie binden, wenn wir sie nur zum Gegenstand machen, sie kennen und brauchen … Sieh, wie jedes in sich selbst tritt; wie in ihnen sich Mitte auftut; wie alles gleichsam sich selbstet … Und nun gehst du unter wirklichen Wesensdingen. Die stehen da, und haben ihren Sinn in sich.«[1]

Hanna-Barbara Gerl-Falkovitz

Anmerkung zur Textgestalt: Für den Sammelband *In Spiegel und Gleichnis* und für *Der Herr* wurden – sofern nicht anders angegeben – die Erstausgaben verwendet, die sprachlich weniger geglättet sind als spätere Ausgaben.

---

1   Romano Guardini, Kanal an der Iller, in: In Spiegel und Gleichnis, Mainz 1932, S. 36.

Auge und Licht

Da war vor allem die Weise, wie ein Solcher in die Welt schaut:
Mit einem ganz offenen Blick, der eigentlich nie etwas »will«.
Nicht will, daß dieses Ding so sei, jenes anders, das dritte überhaupt nicht, dafür aber alles so und so ... Dieser Blick tut keinem Ding Gestalt an. Denn es gibt ja doch eine Gewalttätigkeit
schon in der Weise des Sehens. Es gibt eine Art, die Dinge ins
Auge zu fassen, die auswählt, wegläßt, unterstreicht und ab-
schwächt. Da wird dem wachsenden Baum, dem Menschen,
wie er seines Weges daherkommt, den aus sich strömenden
Geschehnissen des Daseins vorgeschrieben, wie sie sein sollen, damit der Blickende seinen besonderen Willen in ihnen
bestätigt finde. Der Blick aber, den ich hier meine, hat Ehrfurcht, die Dinge sein zu lassen, was sie in sich sind.
Ja, er scheint eine schöpferische Klarheit zu haben, in welcher
sie gar erst zu ihrem vollen Wesen frei werden können; was sie
in ihrem Tiefsten sind, in einer ihnen sonst nicht beschiede-
nen Deutlichkeit und Fülle. Er ermutigt jede Gestalt, jede
Kraft, jedes Charakteristische zu seiner vollen Bedeutung.
[...]

Es gibt eine Tiefe, die in der Undurchdringlichkeit ruht. Sie bedeutet, daß man nicht hinkann; daß man nicht durchkommt; daß etwas im Abgrund liegt, oder im Dunkel, oder auf unzugänglichen Höhen, oder im Wirbel. Sie besteht im Ungeheuren; in dem alle Fassungskraft übersteigenden Maß, in dem alle Ufer überflutenden Strom.

Es gibt aber auch eine andere Tiefe: Jene, die in der Klarheit liegt, die klassische. Hier braucht nichts »gedeutet« zu werden. Da sind keine Falten, die einer Auseinanderlegung bedürften. Keine Höhen ragen, vor denen der Geist ohnmächtig stünde. Kein Abgrund tut sich auf, in dem er versänke. Kein Chaos bricht hervor und erfüllt mit seinem Schauer. Alles steht hell in deutlicher Gegenwart. Aber jede Linie ist von einer schwingenden Fülle gesättigt. Man kann über sie nichts Besonderes mehr sagen. Das, worum es sich handelt, liegt ganz klar. Aber – ja, ich kann nur wiederholen: Fülle, Bedeutung, Weite und Tiefe sind in ihm ...

Gibt es Tieferes als das klare Licht? Für Novalis war das Letzte die Nacht; für Michelangelo auch. Das war Tiefe aus dem anderen Bereich. Ihr gegenüber bedeutet Helligkeit leicht soviel wie Oberfläche. Der klassisch Geartete aber sieht, daß es abgründiger gar nicht hinab gehen kann als in der Klarheit mancher Nachmittage, wenn alle Dinge von Licht wie getränkt sind. Ihn schauert es, und sein Herz klopft vor der sehnsüchtigen Unergründlichkeit dessen, was so genau umformt und so hüllenlos durchsichtig ist. Er sieht in der so besonnen geformten Säule, oder in der griechischen Vase, an welcher keine Falte verborgen liegt, letzte Tiefe sich öffnen. Vom heiligen Franz von Sales wird erzählt, er sei, als ihm Johanna Franziska von Chantal begegnete, ganz ratlos gewesen. Denn in einem kleinen Bache durch das kristallene Wasser zu blicken und darin jeden Kiesel zu sehen, sei ein liebliches Ding; aber ein See, der vollkommen klar liege, doch so tief, daß der Blick nicht auf den Grund

komme, mache erschrecken. So sei es ihm mit dieser Frau er-
gangen. Ihr Wesen sei vollkommen durchsichtig gewesen;
aber von einer Klarheit, in welcher sich unerschöpfliche Tiefe
auftat ... Das ist klassisch.

Diese Art sucht denn auch keine außergewöhnlichen Gegen-
stände für ihr Schaffen. Sie scheut allen Ausbruch und alle
sprengende Bewegung. Sie liebt deutliche Gegenwart, über-
sehbares Maß und das menschlich Verständliche – ja gerade
Dinge des täglichen Daseins. Aber die Linien leuchten, die Ver-
hältnisse sind voll Bedeutung, und das Gebilde wird schwe-
bend.

Diese Art spricht gelassen. So überhört man leicht, was sie
sagt. Es scheint selbstverständlich. Faßt man aber ein solches
Wort genauer in Ohr und Sinn, dann wird es immer stärker.
Nichts Besonderes scheint gesagt. Aber es ist die Selbstverständlichkeit des Lichtes, die alles hell macht, was herein
kommt ... Ja wirklich, verklärte Selbstverständlichkeit ist in
dieser Tiefe. Und wenn diese Kraft durchsichtiger Tiefe schöpferisch wird, dann schafft sie Gebilde, die überzeugen. Sie baut
eine Welt, in der man ruhig wandeln kann, und bildet Ordnungen, in welchen dem Leben wohl ist und es gedeiht.

[...] Immerfort muß überwunden werden: Die Verführung ins
Endlose; der Drang ins Unmaß; die Unordnung, das Wilde,
Verworrene, Träge ...

Sobald diese Selbstverständlichkeit gerät, macht sie die Dinge
leicht. Das Schwere leicht zu machen – aber ohne daß ihm sein
Ernst, seine Gefahr, seine Herrlichkeit genommen würde – das
Lastende zu freiem Stehen zu bringen, das Stockende zu fe-
derndem Schreiten – das ist das Klassische. Die Ueberwindung
der Schwere. Die Kraft zum Spiel. Mit tändelndem Wesen hat
das nichts zu tun. Dieses Leichtwerden geschieht durch ein
beständiges Verbrennen.

In Spiegel und Gleichnis, 1932, S. 24-31

Und gestern, am späten Nachmittag, als die Stunde des leisen Wunders waltete, ging ich den Weg, und hatte das Gefühl, es sei mein Weg, und alles rings gehöre mir, und empfand die klare Form und die freudige Frische überall mit großem Glück. Es war die Stunde, die so besondere Fülle des Lichtes hat. Das erinnerte in seiner Klarheit an das Engadin, aber ohne dessen strahlende Gewalt. Dafür hatte es eine schimmernde Innigkeit, und eine tiefe, warme Milde. Es war, man möchte sagen, wie wenn ein helles Augenstrahlen durch leise Feuchte dringt ...

Wie standen doch all die Gewächse in diesem Licht! Jede Form gewann eine eindringliche Macht. Die Farben leuchteten stärker, und eine Tiefe war in ihrem Leuchten. Es war, als werde eine Freiheit um jedes Gebilde. Als sei die innere Gestalt gerufen, und werde frei, und hebe sich hervor aus dem Gebundensein dunkler Unvollkommenheit; als trete deutlicher das Wesen hervor und rede: »Siehst Du mich?« Und man empfand es in den Augen und in den inneren Bahnen des wesensspürenden Lebens. [...]

Später Nachmittag am Waldrand ... die Sonne füllt alles mit ihrem zauberischen Licht. Es hat Macht in sich, es strahlt, es strömt, es steht im Raum und waltet durch ihn hin, wie ein Wesen. Es ist so klar, nichts Schattendes mehr darin; und doch so tief, und innerlich, und so voll Geheimnis.

Das ist ja gar nicht das tiefste Geheimnis, das im Dunkel des Chaos versinkt, in der Undurchsichtigkeit verworrenen Seins. Die geheimste Tiefe liegt in der ganz hellen Form; in der Gestalt, die vollkommen durchsehbar ist, und keinen verborgenen Winkel mehr hat. Die geheimste Tiefe liegt im Lichte selbst. Aber freilich; in diesem Licht! Das ist jenes Licht, welches die Klarheit des Geistes hat, und die innige Schönheit des

Herzens, und die sehnsüchtige verwandelnde Gewalt der Liebe.

Niemand begreift, was für Platon und wieder für Augustin die Idee war, der das Geheimnis dieses Lichtes nicht spürt. Und ebenso nicht, was Johannes mit dem Logos meint, von dem er sagt, daß er »Licht« sei. Wahrlich kein Bild, wie dürftige Verständigkeit denkt, sondern inbrünstige Wirklichkeit! Der Logos, der auch »die Weisheit« ist; der verheißt, daß er im Geiste aufstrahlen will, und das Herz berühren, und geben, daß man ihn lieben könne; und in dessen Lichte einst sein wird der neue Himmel und die neue Erde, und sie brauchen keine Leuchte mehr, sondern Er selbst strahlt.

In Spiegel und Gleichnis, 1932, S. 48–53

TÖTENDE HERRLICHKEIT

Unbändig war der Morgen, Gewalt von Herrlichkeit stand hoch in der Welt. Wie habe ich begriffen, daß die Schönheit »hervorbricht gleich Heeressäulen«! Aus den dunkel leuchtenden Gestalten der Berge, aus jeglichem Ding, das da stand im Wunder dieses Lichtes, fiel sie das Herz an und rief jenes Lachen herauf und aus jener Tiefe, in welcher Seele und Blut verbunden sind. Die Sonne stand in der Höhe, und – doch es gibt in der deutschen Sprache kein Wort dafür, weil es diese Sonne in Deutschland nicht gibt – »sfolgorava«, sagt das Italienische: Sie ging in Blitzen; sie war ein Ausbruch von langen, einander sengend durchfaltenden Strahlenblitzen. Das war die Sonne, die ein erschreckendes Geheimnis ist, tötende Herrlichkeit. Von Vincent van Gogh gibt es eine Zeichnung, da liegt auf einem Hügel eine Stadt, von ihr her zum Betrachtenden aufgepflügte Aecker, und der Himmel darüber ganz erfüllt von einer riesenhaft glastenden Sonne. Da habe ich begriffen, wie der Mensch, im Schrecken und Jubel seines Herzens, Unirdisches in dieser Sonne erblickt und anbetet.

Es gibt mancherlei Weisen, Raum und Weite zu spüren. So vor der Ebene, wenn Baum und Haus und alles Menschenwesen nur wie kleine Anhäufungen sich erheben, und über allem der große Himmel steht; darin vielleicht aufgetürmte Wolken, wie Ruysdael sie gemalt hat. Oder vor dem Meere, mit seiner ungeheuren, leise nach hinten sich krümmenden Fläche, und über ihm die leere Höhe ...

Mir kommt Raum und Weite am stärksten zu Gefühl, wenn ich hier an der einen Seite dieser Bergtäler sitze. Der Hang gleitet hinab; erreicht die Sohle drunten, wo milchweiß der Bach braust; dann geht es wieder hinauf, weit hinüber. Und nun, zwischen mir und dem Hang dort auf der anderen Seite, spannt sich der Raum. Ich spüre ihn, ermesse ihn, und er wird gefüllt von dem fortgehenden Rauschen.

Zu denken, daß es etwas gibt, was geschieht, und immerfort geschieht, Tag um Tag, Jahr um Jahr, Jahrhundert um Jahrhundert! Immerfort geht das große Rauschen hin, in dessen innerster Kammer ein Donnern ist ... Immerfort fällt der Schnee; immerfort baut sich der Gletscher auf; immerfort strömen aus seinen Pforten die milchweißen Rinnsale [...]

Am späten Nachmittag kommt eine Stunde, da wird alles wie verwandelt. Das Licht ist voll, aber es scheint nicht mehr zu strahlen. Es scheint seine scharf bestimmten Bahnen aufzugeben und sich durch den Raum auszubreiten. Nun ist's, als ströme es um die Dinge, durchströme sie. Die Bäume stehen wie gebadet in Helle, klar und ohne Laut. Die Berge werden wie durchsichtig, als seien sie aus Amethyst. Schimmernd heben sich die weißen Flächen der Häuser gegen den zartblauen Himmel ab, daß man sich, ein wenig verlegen durch die Romantik des Vergleichs, an Säulen und Tempelwände gemahnt fühlt.

Es ist, als höre der Stoff auf, nur Stoff zu sein; als gewinne der Geist Gestalt, daß er geschaut werden kann. Hier kommt einem nahe, was wohl das Wort »Verklärung« meint: jenes Wort, in welches südliches Christentum seine ganze Erlösungszuversicht gegossen hat. Stoff und Geist stehen da nicht brückenlos nebeneinander, sondern es gibt etwas, das zwischen ihnen Weg bildet: Das Licht. Das Licht ist körperlich und doch dem Geiste verwandt. Es ist kein »Vergleich«, sondern Wahrheit einfachhin, wenn manche geistlichen Erfahrungen sich als Lichterfahrung beschreiben, oder wenn das Johannesevangelium geradezu sagt: »Gott ist Licht«. Als »Licht« aber vermag der Geist den Körper zu durchdringen. Es wird durchgeisteter Körper, Leib. Verklärung aber – wohl, sie ist Gnade; nur im Glauben wird man ihrer gewiß, nur hoffend auf Gottes Verheißung kann man sie erwarten. Und dennoch geschieht in ihr eine letzte »perfectio naturae«, Vollendung der Natur durch die Gnade. Verklärung bedeutet die Erfüllung dessen, was »Leib« heißt.

In solchen Spätnachmittagsstunden schaut man wie ein Unterpfand dieser Hoffnung.

In Spiegel und Gleichnis, 1932, S. 159–164

Götter und der lebendige Gott

Das Wort Mythos gehört zu jenen, die in den letzten Jahren auf allen Gassen herumgezerrt worden sind; so bedarf es einer Klärung. Echte Mythen sind nur in einer frühen Zeit der Geschichte möglich, denn sie setzen eine Art des Denkens und Fühlens voraus, die im Fortgang der kulturellen Entwicklung zerfallen ist. Der frühe Mensch weiß von den Energien und Gesetzen, welche die Wissenschaft feststellt, noch nichts. Für ihn besteht die Welt aus Wesen und Mächten. Feuer zum Beispiel ist das, was durch das Reibholz hervorgebracht wird, mit dem man die Finsternis erleuchtet und die Speisen kocht; zugleich aber auch ein geheimnisvolles Wesen, das einen eigenen Willen hat und mit Scheu behandelt werden muß. Auch das Wasser ist solch ein Doppelwesen, nutzbares Ding und geheimnisvolle Mächtigkeit in einem. Wasser aber und Feuer kämpfen miteinander. Ist das Wasser stärker, dann ertrinkt das Feuer; bekommt das Feuer die Oberhand, dann frißt es das Wasser. Entsprechend verhält es sich mit allem übrigen.

Diesem Weltbild gehören die Götter an. In ihnen verdichten sich die halb natürlichen, halb geheimnishaften Mächte. Da die Mächte in einem beständigen Wirken und Kämpfen begriffen sind, werden auch die Götter wirkend und kämpfend gedacht, und es entstehen die Vorstellungen ihrer Taten und Schicksale – welche Taten und Schicksale nichts anderes sind als die Vorgänge der Welt und des Lebens selbst.

Nehmen wir als Beispiel die Weise, wie der frühe Mensch das Verhältnis von Licht und Dunkel erlebte. Für uns ist Licht eine natürliche Tatsache. Die Wissenschaft hat sie durchforscht und die Technik hat sich ihrer bemächtigt. Wir können die verschiedensten Lichtarten herstellen und nach Belieben gebrauchen; von numinosen Erlebnissen ist keine Rede mehr. Beim frühen Menschen war das ganz anders. Er empfand die Dunkelheit nicht nur als unwegsam und gefährlich, sondern als böse, Grauen erregende Macht. Die Furcht, die heute noch das Kind – und auch mancher Erwachsene – im Dunkel empfindet, richtet sich nicht auf etwas Greifbar-Bestimmtes, sondern auf diese Macht des Dunkels selbst und bildet einen Überrest jenes frühen Erlebens. Wenn sich aber dann morgens die Sonne erhob, überwand ihre gute Mächtigkeit, das Licht, die Finsternis, und der Mensch atmete auf. So war das Dasein von zwei Mächten beherrscht, der Finsternis und des Lichtes. Die des Lichtes kam aus der Sonne, und die Sonne war eine Gottheit. Der Sonnengott aber war in einem Kampf begriffen und von einem Schicksal bedroht, welche die Angst um den Fortbestand des Lichtes ausdrückten. Jeden Tag erhob er sich aus dem Meere, überwand die Finsternis und herrschte den Tag hindurch; am Abend jedoch wurde die Finsternis wieder Herr und hatte nun die Gewalt. Zu diesem kleinen Kampf, der sich von Tag zu Tag abspielte, kam aber noch ein großer, der sich durch das ganze Jahr hin erstreckte. [...]

Dabei darf nicht vergessen werden, daß der frühe Mensch kein Naturgesetz kannte. Er erlebte daher diesen Kampf so unmittelbar, daß er vor der Möglichkeit bangte, die Sonne könnte einmal endgültig von der Finsternis überwunden werden. So entstand der Mythos von Licht und Finsternis. Das Licht verkörpert sich im Sonnengott, dem strahlenden, glühenden, aller Macht des Lebens und des Segens vollen; die Finsternis im Drachen, der Schlange, dem Weltenwolf, dem kalten, grauenwirkenden, tötenden Wesen. Zwischen ihnen ist Kampf. Er erneuert sich jeden Tag und jedes Jahr. Immer wieder siegt die Sonne und immer wieder der Drache. Manche Mythen aber offenbaren die Ahnung, einst werde der Drache endgültig siegen, der Fenriswolf die Sonne wirklich verschlingen und so das Ende aller Dinge kommen.

Ein anderer Mythos ist der von Himmel und Erde. Droben ist die allumspannende Wölbung: die Höhe, aus welcher das Licht kommt; die unerschöpfliche Quelle des Regens; die Macht der Ordnung und des Segens, verdichtet in der Gestalt des Göttervaters, Zeus, Jupiter, Wotan oder wie immer genannt. Unten ist die Erde, dunkel, schweigend, bergend, voll Bereitschaft, Frucht zu tragen, verdichtet in der Gestalt der Erdgöttin, Gaia, Demeter, Nerthus. Zwischen beiden aber besteht eine geheimnisvolle Beziehung, die heilige Ehe. Immer wieder vereinigen sich Himmel und Erde im Frühling; daraus gehen die Pflanzen, die Tiere und alles die Natur erfüllende Leben hervor. Diese Lebensfülle reift im Sommer zur Vollendung, um im Laufe des Herbstes zu sterben. Es folgt der Winter, in welchem Himmel und Erde einander fremd und feindlich gegenüberzustehen scheinen, und alles Leben in der Starre des Todes untergegangen ist. Dann aber, im nächsten Frühling, beginnt das Mysterium neu.

[...] Wenn also der frühe Mensch diese Mythen dachte, erzählte, hörte, erlebte, in den Begehungen des Kultes darstellte und symbolisch vollzog, erfuhr er ebendarin die Ordnung des Daseins. Er verstand das Dasein, und in ihm sich selbst.

Der Heilbringer in Mythos, Offenbarung und Politik, 1946, S. 16–21

ES SIND KEINE GÖTTER MEHR MÖGLICH

Derselbe Mensch hat sich auch von der Offenbarung gelöst. Ihre Wahrheit ist ihm nicht mehr Norm seines Lebens. Wenn er aber seit einiger Zeit begonnen hat, unter Berufung auf die Frömmigkeit vor- und außerchristlicher Kulturen wieder von »Göttern« zu sprechen und nach einer Religion des bloß irdischen Daseins zu suchen, dann vergißt er, daß alle Götter, die wir kennen, die alte, weder wissenschaftlich noch technisch aufgebrochene Natur und das entsprechende Verhältnis zu ihr voraussetzen. Gibt es aber andere? Ich vermute, nachdem einmal der Mensch, durch die Freiheit der Erlösung befähigt, die volle Herrschaft über die Natur angetreten hat, sind keine Götter mehr möglich. Was bleibt, ist nur die Wahl zwischen dem Lebendigen Gott der Offenbarung und der Selbstvergottung des mit sich und der Welt alleinstehenden Menschen – falls nicht auch das nur ein Zwischenstadium ist und in Wahrheit alles auf einen nackten Empirismus hinausläuft. Wenn es aber den Schöpfer und Herrn der Welt wirklich gibt, und seine Geschöpfe der Herrschaft des Menschen letztlich nur gehorchen, solange er selbst seinen Herrn erkennt? Wenn all die scheinbare Herrschaft im Letzten Willkür ist? Müssen sich dann nicht die Natur der Dinge sowohl wie seine eigene Natur auf eine furchtbare Art am Menschen rächen und ihn, während er ihr Herr zu sein glaubt, zum Knecht, vielleicht zum Spielball ihres Hohnes machen?

Das sind Fragen, welche durch das Dogma von der Selbstherr-
lichkeit des Menschen niedergehalten werden; das Innere fühlt
sie aber, und die Sachwalter des Lebens, Erzieher und Ärzte,
beginnen zu mahnen, man könne nicht tun, als sei das Dasein
in Ordnung, wenn es das in Wahrheit nicht ist. Der Mensch hat
die volle Herrschaft über die Welt nur antreten können, weil
die christliche Freiheit ihn dazu befähigt hat. Daß er das getan,
war in Ordnung; es entsprach dem Auftrag, der der neuen Epo-
che gestellt war. Diesen Auftrag kann er aber nur dann richtig
durchführen, wenn er jene Freiheit, die Sicherheit ihres Stand-
ortes und die Wahrheit ihres Seinsverhältnisses behält.

Freiheit, Gnade, Schicksal, 1948, S. 104-106

GEHEIMNISVOLL SCHWACH

Soll man aber wirklich annehmen, Gott habe es nicht anders
wenden können? Sollte Gott wirklich nicht vermögend gewesen sein, die Herzen dieser Kaste von Priestern, Politikern und
Theologen anzurühren und ihnen klar werden zu lassen, worum es ging? Sollte er nicht fähig gewesen sein, das Volk zu
erfassen, es mit Liebe zu seinem Boten zu erfüllen und sein
schwankendes Wesen in wirklicher Treue zu festigen? Gott ist
doch die Wahrheit! Er ist doch das Licht! Er ist doch der Geist!
Der Heilige Geist ist nach dem Tode Jesu gekommen – hätte er
nicht ein Jahr früher kommen können?
Die Fragen sind sicher töricht; dennoch muß man sie heraus-
lassen und Antwort suchen. Gewiß hätte Gott das alles ge-
konnt. Er hätte in die Herzen einbrechen und sie durch einen
Sturm der Liebe überwältigen können; er hätte allmächtig im
Geiste der Menschen aufleuchten können, sodaß ihnen ganz
deutlich wurde, daß sein Sohn und Bote unter ihnen stand –

aber er hat es eben nicht gewollt. [...] Gott ist Herr über die Welt und den Menschen. Aber die Weise, wie er in die Welt herein und an den Menschen herantritt, ist nicht die des Herrn. Sobald er in die Welt tritt, wird er geheimnisvoll schwach. Es ist, als ob er seine Allmacht vor den Toren des Daseins niederlegte. [...]

Aber so verhält es sich ja auch sonst. Kann man denn verstehen, daß Gott lebt; daß er die Welt durchwaltet, und jedes Ding durch ihn besteht; daß jeder unserer Gedanken, jede unserer Herzensregungen nur aus ihm Sinn und Kraft haben – wir aber von seiner Wirklichkeit nicht erschüttert, von seiner heiligen Herrlichkeit nicht entzündet, von seiner Liebe nicht hinübergerissen werden, sondern leben können, als gäbe es ihn nicht? Daß der wahrhaft höllische Trug möglich ist, als Mensch zu leben, ohne auf Gott zu achten? [...] Warum ist das so? Weil das Dasein des Menschen nicht nur auf göttlicher Schöpfung und schenkender Allwirksamkeit, sondern auf der Entscheidung ruhen soll. Ja, weil die schöpferische Allwirksamkeit Gottes gerade im sich entscheidenden Geschöpf zu ihrer letzten Aufgipfelung gelangt. Entscheidung aber kann nur aus Freiheit geschehen; so öffnet Gott den Raum für die Freiheit dadurch, daß er – scheinbar – sich selbst einschränkt.

Es gibt zwei Freiheiten, eine erste und eine zweite. Die zweite besteht darin, daß ich in der Wahrheit, im Guten frei bin. Was Gott ist, erkenne ich dann so klar, so mächtig, daß ich nicht anders kann, als mich hineingeben. Freiheit bedeutet hier die Notwendigkeit des Nicht-anders-Könnens, die aus der Allmacht des offen gewordenen Gottessinnes entspringt. Sie ist die eigentliche Freiheit, kann aber erst werden, wenn die andere vorausgeht. Die besteht darin, daß ich zu Gott Ja und auch Nein sagen kann. Eine furchtbare Möglichkeit, auf welcher aber der Ernst des menschlichen Daseins ruht. [...]

Wenn Gott die Liebe ist – warum gießt er dann nicht einfach sein Licht in den Menschengeist? Warum bricht er nicht mit seiner Wahrheit ein? Welche Wahrheit zugleich die Herrlichkeit selber wäre, herzüberwältigende Kostbarkeit, so daß die Menschen vor Sehnsucht nach Gott brennten? Das wäre doch Liebe. Warum dann eine Existenz wie die Jesu?

Man antwortet: der Sünde wegen ... Aber kann die Sünde denn den allmächtigen Liebeswillen hindern? Kann Gott nicht dem Menschenherzen den Greuel der Sünde so furchtbar aufgehen lassen, daß es sich Ihm im Entsetzen und Reue und Liebe an die Brust wirft? Wer will hier sagen, was möglich ist und was nicht? ... Nein, da muß noch anderes sein. In Gott muß etwas sein, das mit dem Wort »Liebe« noch nicht benannt ist. Mir scheint, man muß sagen, Gott sei demütig.

Zuerst wollen wir aber das Wort klarstellen. Man sagt wohl, einer sei demütig, wenn er sich vor der Größe eines anderen Menschen neigt; oder wenn er fremdes Verdienst neidlos würdigt. Das ist aber nicht Demut, sondern Ehrlichkeit. So schwer es zuweilen werden mag, eine Größe anzuerkennen, die das eigene Sein und Können verdunkelt, es zu tun ist doch nichts anderes als Anstand des Geistes. Demut aber geht nicht von unten nach oben, sondern von oben nach unten. Sie bedeutet nicht, daß der Kleinere den Größeren anerkennt, sondern daß dieser sich vor dem Kleineren in Ehrfurcht beugt. Ein großes Geheimnis, an dem erhellt, wie wenig die christliche Gesinnung aus dem Irdischen abgeleitet werden kann. Daß der Große sich zum Kleinen gütig herabläßt und ihn in seiner Bedeutung schätzt; daß er das Rührende der Schwäche empfindet und sich vor ihre Wehrlosigkeit stellt – das kann man verstehen. Demut ist erst, daß der Große sich vor dem Kleinen in Ehrfurcht beugt.

Aber verliert er sich dann nicht unter sich hinab? Gerade nicht. Der Große, der in die Haltung der Demut tritt, ist seiner selbst rätselhaft sicher und weiß, je kühner er sich hinabwirft, desto gewisser findet er sich ... Und wird dem Großen die Bewegung gelohnt? Gewiß. In der demütigen Haltung geht ihm die Kostbarkeit des Kleinen als solchem auf. Nicht, daß es »auch seinen Wert hat«, sondern daß es als solches kostbar ist.

Der Herr, 1938, S. 280–281.440–441

Der Herr

Wer es unternimmt, über die Persönlichkeit und das Leben Jesu Christi zu sprechen, muß sich darüber klar sein, was er will, und welche Grenzen hier jedem Wollen gezogen sind.

Er könnte, der Neigung unserer Zeit folgend, eine Psychologie Jesu versuchen, allein die gibt es nicht. Von einem Franziskus von Assisi etwa gibt es eine Psychologie – soweit nicht schon in ihm, dem bloßen Menschen, Jenes beginnt, das über dem Menschen ist, durch das aber doch erst der wahre Mensch im Sinne Gottes begründet wird, und das Paulus meint, wenn er sagt, »der geistliche Mensch« sei »nicht zu beurteilen«. (1 Kor 2,15) Dennoch wäre möglich und eine schöne Aufgabe zu fragen, wo die Wurzeln dieser wunderbaren Persönlichkeit liegen; wie dieser und jener Zug seines Wesens bedingt seien; wie es komme, daß in ihm scheinbar so widersprechende Kräfte zusammenstoßen und doch eine so klare Einheit bilden und so fort. Vor Jesus Christus kann man das alles nicht, wenigstens nicht über eine sehr nahe Grenze hinaus. Versucht man es trotzdem, so zerstört man sein Bild. Denn im Innersten seiner Persönlichkeit steht das Geheimnis des Sohnes Gottes und hebt jede »Psychologie« auf; jenes Geheimnis, von welchem die Unbeurteilbarkeit des Christen der gnadengeschenkte Abglanz ist. Im Grunde kann man nur eines tun: von immer neuen Ausgangspunkten her zeigen, wie alle Eigenschaften und Wesenszüge dieser Gestalt ins Unbegreifliche münden; in eine Unbegreiflichkeit freilich, die voll unendlicher Verheißung ist. Oder man könnte ein »Leben Jesu« versuchen, wie es ja schon oft versucht worden ist. Aber auch das gibt es, streng genommen, nicht. [...] Wohl steht er in einem bestimmten geschichtlichen Zusammenhang, und die Erkenntnis der darin arbeitenden Kräfte trägt dazu bei, ihn selbst besser zu verstehen; dennoch sind weder sein Wesen noch sein Wirken aus geschichtlichen Gegebenheiten abzuleiten, denn er kommt aus dem Geheimnis Gottes und kehrt dorthin zurück, nachdem er »bei uns aus- und eingegangen ist«. (Apg 1,22) Wohl kann man bestimmte Ereignisse von entscheidender Bedeutung in seinem Leben feststellen, kann darin eine Sinnrichtung erkennen und sehen, wie dieser Sinn sich erfüllt; dennoch wird man eine eigentliche »Entwicklung« nicht aufweisen können. Ebensowenig kann man den Gang seines Schicksals und die Weise, wie er seine Aufgabe durchführt, auf »Motive« zurückführen; denn das letzte Warum kommt aus der Unergründlichkeit dessen, was er den »Willen des Vaters« nennt, und entzieht sich jeder historischen Aufhellung. Was man tun kann, haben die Evangelien vorgeschrieben: von Worten wie jenen, daß er »zunahm an Weisheit, Alter und Gnade vor Gott und den Menschen« (Lk 2,52); daß er »in der Fülle der Zeit« stand (Gal 4,4), und also aus genau bekannter Geschichte hervorwuchs, die Überzeugung empfangen, daß da ein tiefer Zusammenhang der Gestalt und des Geschehens besteht – auf eine Auflösung aber dieses Zusammenhangs nach der Weise sonstiger Geschichtsbeschreibung verzichten; vielmehr immer wieder vor einer Begebenheit, vor einem Worte, vor einer Tat

stehen bleiben, lauschen, sich belehren lassen, anbeten und
gehorchen.

Der Herr, 1938, aus dem Vorwort

WENN SICH EUROPA VON CHRISTUS LÖSTE

Das europäische Bild vom Menschen ist zutiefst christlich bestimmt. Es ruht auf dem Einfluß der Erlösungstat Christi.
Diese hat den Menschen aus dem Bann der Natur gelöst und
ihm eine Unabhängigkeit von der Natur und von sich selbst
gegeben, die er auf dem Wege einer nur natürlichen Entwicklung nie hätte erreichen können, weil sie auf jener Souveränität ruht, in der Gott selbst zur Welt steht. Die gleiche Unabhängigkeit ermöglicht aber auch einen Blick auf diese Welt, eine
Nähe zu ihr und eine Herrschaft über sie, die ebenfalls anders
nicht hätte erreicht werden können. Nichts ist falscher als die
Meinung, die neuzeitliche Herrschaft über die Welt in Erkenntnis und Technik habe im Widerspruch zum Christentum errungen werden müssen, das den Menschen in untätiger
Unterwürfigkeit halten wollte. Das Gegenteil ist wahr: das ungeheure Wagnis der modernen Wissenschaft und Technik,
dessen Tragweite wir nach den letzten Erfindungen mit tiefer
Beunruhigung empfinden, ist nur auf Grund jener personalen
Unabhängigkeit möglich geworden, die Christus dem Menschen gegeben hat.

Aus der gleichen Wurzel kommt die Intensität des abendländischen Geschichtsbewußtseins. Wohl setzt es ebenso die antike
Kraft des Handelns und Gründens wie den Wagemut und die
schöpferische Kraft der germanischen Stämme voraus. Das
Letztbestimmende aber kommt aus der christlichen Verantwortung. Das Schema des geschichtlichen Daseins ist nicht

die Wiederkehr der Dinge, der Kreislauf des Werdens, Vergehens und Wieder-Werdens, sondern jene Einmaligkeit von Person, Entscheidung und Tat, die das Christentum lehrt und die nicht nur die Zeit, sondern, durch sie, auch die Ewigkeit bestimmt.

Christlich begründet ist die Tiefe und Differenziertheit der abendländischen Seele. Niemand wird anders als mit Bewunderung vom antiken Leben sprechen; trotzdem verraten noch seine mächtigsten Schöpfungen und tiefsten Seelenbewegungen eine gewisse Kühle und Unentfaltetheit. Der Mensch der christlichen Zeit hat dem antiken gegenüber eine Dimension des Geistes und der Seele mehr; eine Fähigkeit des Empfindens, eine Schöpferschaft des Herzens und eine Kraft des Leidens, die nicht aus natürlicher Begabung, sondern aus dem Umgang mit Christus hervorgehen.

Daraus folgt ein Weiteres: die größere Freiheit zum Guten wie zum Bösen. Das Christentum hat den Menschen auf eine Ebene der Handlungsfähigkeit gehoben, auf der er, wenn er gut wird, besser ist als der Heide, wenn aber böse, dann schlimmer als dieser. Kierkegaards Gedanke, die Antike sei in all ihrer Genialität doch in etwa naiv gewesen und erst das Christentum habe die volle personale Mündigkeit gebracht, ist sicherlich richtig. Das Gute des Christen ist das Mündig-Gute und hat einen ganz anderen Ernst als das des Menschen sonst. Das Gleiche gilt aber auch vom Bösen. Man möchte sagen, erst in ihm sei es zu seiner ganzen Furchtbarkeit frei geworden und erkläre damit einen Charakter der neueren Geschichte, der sonst nicht zu verstehen ist.

Auch die abendländische Form des Staates ist zutiefst christlich bestimmt. In ihr hat der Träger der Hoheit seine Gewalt von Gott. Aber nicht in einem naturhaften Sinne, wie der heidnische Herrscher, der in einem natürlichen Verwandtschaftsverhältnis zur Gottheit gesehen wird – welche Gottheit letztlich das Numen des Stammes oder Volkes oder der Stadt beziehungsweise des Staates ist, sodaß der Herrscher als deren aktive Verkörperung erscheint –, sondern in einem personalen: Gott, der personal-souveräner Herr des Himmels und der Erde ist, hat ihn zu seinem Stellvertreter bestellt und macht ihn für sein Tun verantwortlich. Auch der Untertan ist kein Glied eines naturhaften Zusammenhangs, dessen Exponent der Herrscher wäre, sondern Geschöpf des gleichen Gottes, der jenen zur Herrschaft bestellt hat; im Wesentlichen ihm ebenbürtig, weil Träger ewigen Schicksals wie er, und daher befugt, jederzeit vom irdischen Herrn an den himmlischen zu appellieren. Daraus entsteht eine Wesenhaftigkeit der Ordnung, ein Raum der Freiheit und eine Tiefe der Verpflichtung zugleich, die sich sonst nicht finden.

So wäre noch vieles zu sagen. Aus allem würde sich ergeben, daß das Abendland, Europa, das, was es ist, durch Christus ist – eine Wahrheit, die Novalis 1799 in dem von seherischer Kraft getragenen Fragment *Die Christenheit oder Europa* verkündet hat.

Daran ändert auch die Tatsache nichts, daß die maßgebenden wissenschaftlichen und kulturellen, politischen und wirtschaftlichen Entwicklungen Europas sich seit langem außerhalb seines Geistes oder gar im Widerspruch zu ihm vollzogen haben. Noch in den leugnenden oder widersprechenden Äußerungen kommt die Gestalt Christi zur Wirkung.

Wenn sich aber Europa ganz von Christus löste – dann, und soweit das geschähe, würde es aufhören zu sein.

Der Heilbringer in Mythos, Offenbarung und Politik, 1946, S. 55-59

Von der Frage, ob das, was Buddha verkündet hat, wahr sei oder nicht, soll hier nicht die Rede sein; wir wollen uns nur die menschlich-geistige Situation vor Augen bringen, die uns aus dem Bericht entgegentritt. [...] Nach langer Zeit des Wirkens, als er achtzig Jahre alt geworden war, fühlte er, seine Bahn sei vollendet; er werde sterben, seiner Lehre gemäß von innen heraus sterben und von Schein und Leiden frei sein.

So wird geschildert, wie der Meister mit seinen Jüngern zusammen ist; er in feierlich-hieratischer Haltung, sie wortlos lauschend um ihn her. Er gibt ihnen seine letzten Anweisungen und prägt ihnen ein: Nur an die Lehre habt ihr euch zu halten, nicht aneinander! Nur auf euch selbst sollt ihr euch stellen, jeder auf die eigene Einsicht und persönliche Entscheidung, nicht auf den Meister. Der wird weggehen, dann hat jeder nur seine eigene Willenskraft und Erfahrung, sonst niemand und nichts ... So stirbt Buddha, indem er, wie der Text sagt, seinen Lebenswillen entläßt, und was zurückbleibt, ist eine Anzahl zu hartem Werk entschlossener Einzelner.

Das zweite Geschehnis trägt sich hundert Jahre später zu: der letzte Tag im Leben des Sokrates. Von ihm berichtet Platons Dialog, der den Titel »Phaidon« trägt. Ein seltsamer Mann war Sokrates. Wenn man ihn nach seiner Lehre fragte, antwortete er, er habe keine; und dennoch hat keiner den Geist derer, die ihn hörten, so geweckt, wie er. Nach einer langen Zeit eitlen, politisierten Denkens hat er die Menschen wieder zum Ernst geführt; zum Bewußtsein, daß es die Wahrheit gibt und man sie erkennen kann; daß es das Gute gibt und der rechte Wille fähig ist, es zu vollbringen. Was das aber sei, das Wahre und Gute, hat er nicht in Sätzen gesagt, die man lernen konnte, sondern er hat das Verlangen danach geweckt und das Gewissen geschärft; aber suchen und finden sollte jeder selbst. Nun ist er angeklagt und verurteilt worden und muß sterben, weil die regierenden Gruppen ihn als unbequem empfinden. [...] Wie seine Schüler ihn fragen, an wen sie sich halten sollen, wenn er weggehe, lautet die Antwort: an euch selbst. Jeder an das eigene Gewissen, an die Kraft des eigenen, erwachten Geistes.

In dem kleinen Kreis herrscht eine seltsame Stimmung: ernst, trauernd, weil der Meister weggeht; und doch wieder ruhig, fast von wunderbarer Fröhlichkeit. Seltsam war es, sagt der Berichtende; zwischen Lachen und Weinen schwebten wir.

Nun das dritte Geschehen. Wieder ein letzter Tag, den ein Meister mit den Seinen verbringt; das Ende eines nicht langen, aber unendlich erfüllten Zusammenseins: Jesu Abschied von seinen Jüngern.

Wie hat denn Jesus den Seinen gegenübergestanden? Mit dem Bewußtsein, daß Er von Gott gekommen und dieser Gott sein Vater ist. Er spricht zu ihnen nicht als Einer, der gesucht hat und gefunden, damit auch sie ihrerseits das Gleiche tun, sondern aus der Vollmacht seiner Sohnschaft; als der Meister und Herr (Joh 13,13), der allein weiß und vermag, ja, der von sich sagen konnte: »Ich bin der Weg« (Joh 14,6).

Er hat Antwort auf die Frage aller Fragen gebracht; auf die nämlich, wie Gott gesinnt sei. Darüber wissen wir von der bloßen Natur her nichts; Er allein hat gewußt. Johannes sagt, daß Er in der Ewigkeit, »an der Brust des Vaters«, in der ewigen Innigkeit der Gottesgemeinschaft lebt; von dorther »hat Er Kunde gebracht«, wie Gott es mit uns meint (Joh 1,18).

Diese Gesinnung hat Er Liebe genannt. Wenn das Neue Testament »Liebe« sagt, dann ist das ein Geheimniswort. Keine All-Freundlichkeit, sondern etwas Unbegreifliches, in Ehrfurcht etwa so zu umschreiben, daß man sagt, in der Tiefe seiner Ewigkeit habe Gott sich entschlossen, uns Menschen so nah an sein Herz zu nehmen, daß es Ihm in der Geschichte zum Schicksal würde. Das Leben Jesu erläutert das Wort.

Er hat eine unsägliche Möglichkeit gebracht. Die ersten Worte, die das Evangelium von Ihm berichtet, lauten: »Die Zeit ist erfüllt; das Reich Gottes ist nahe herangekommen. Sinnet um und glaubet der guten Botschaft« (Mk 1,15). Dieses »Reich« ist keine bloße Lehre oder Moral, sondern Wirklichkeit; die offene Nähe Gottes; das Atmen und Tun im Willen Gottes.

Wenn die Hörer der Botschaft sie annehmen, dann geschieht etwas Unnennbares; dann kommt das Reich zu ihnen. Wir können nicht sagen, wie das geschehen wäre, denn sie haben es ja nicht getan; aber was sich nachher zu Pfingsten ereignet hat, läßt uns etwas ahnen.

Und drittens: Jesus hat die Schuld gesühnt, die auf der Welt liegt. Die Empörung der Ureltern gegen Gott am Anfang, die stets in jedem Unrecht jedes Menschen neu aufwacht; das Dunkle, das die Schönheit der Gottesschöpfung immer wieder durchkreuzt; die Verwirrung der Herzen und Verdunkelung der Geister – alles das hat Er als eigen auf sich genommen und es gesühnt; nicht erst durch seinen Tod, sondern durch jeden Atemzug, den Er in dieser verworrenen und bösen Welt tun mußte. Sein ganzes Dasein war Sühne. Wenn die Menschen den Gekommenen aufgenommen hätten, dann wäre das Erlösung gewesen für alles und von Grund auf, aber »sie haben Ihn nicht aufgenommen«, wie Johannes sagt (1,1–18). [...]

Und nun kommt der Abend des Tages, und der Abend seines so kurzen Lebens. Er mit den Seinen – wie ist es da? Was denken die Jünger? Welche Stimmung herrscht im Saal?

Es ist nicht leicht, darauf zu antworten. Der erste Gedanke, der einem kommt, wenn man mit offenem Herzen gelesen hat, scheint dieser zu sein: eine tiefe Ratlosigkeit. Die Jünger verstehen nicht, was geschieht; die Fragen, die sie stellen, zeigen es. Es zu verstehen, geht über ihre Möglichkeiten. Noch deutlicher offenbart es sich in der Weise, wie sie sich nachher verhalten. Sie fliehen; aber nicht, weil sie verraten, sondern weil sie nicht verstehen. Im Grunde wohl auch nicht aus Feigheit, sondern weil sie nicht wissen, was das Geschehen bedeutet.

Wenn wir aber auf den Herrn selbst blicken, so fühlen wir um Ihn eine tiefe Einsamkeit. So allein ist Jesus, daß einem das Herz sinkt. Er sitzt unter den Seinen; ist Der, der Er ist; spricht zu ihnen Worte, jedes voll von heiliger Macht, und sie verstehen Ihn nicht. Jene geheimnisvolle, furchtbare Einsamkeit ist um Ihn, in welche die Verschlossenheit der Welt Ihn einschließt. Wenn es erlaubt ist, so zu sprechen: die Einsamkeit Gottes in der Welt, die sein Eigentum ist, und die Ihn nicht will (Joh 1,11).

Aber Er will ihnen doch sein Letztes geben; so knüpft Er an das an, was jeder gläubige Jude beim Mahl empfand: daß dieser Vorgang, in welchem das Leben sich nährt, und Menschen miteinander Gemeinschaft haben, etwas ist, worin Göttliches berührt wird. Für das Alte Testament hing jedes Mahl mit einem Opfer zusammen: Gott, der Herr des Lebens, nahm es als Huldigung vor seiner Herrschaft entgegen und gab davon den Seinen die Speise. Darum stand der Dank am Anfang, bevor die Versammelten nach der Speise griffen. Das Opfer aber, auf welchem jedes Mahl ruhte, war hier besonders deutlich. Es war das Opfer des Passah; des Lammes, das jedes Jahr geschlachtet wurde, um jenes Lammes zu gedenken, in dessen Blut einst der Weg der Befreiung aus der ägyptischen Knechtschaft angetreten worden war (Ex 12,1).

In dieses Mysterium stellt Er sich selbst hinein: Er ist der Lebendige, der morgen sterben und dessen Tod die Schuld der Welt sühnen wird. Sein ganzes Erdenschicksal sühnt, es gipfelt in seinem Tod am Kreuz. Sein »Fleisch und Blut«, sein heiliges Leben ist die Speise, die aus dem Opfer kommt, und die Er ihnen geben will. »Während sie nun aßen«, heißt es bei Matthäus, »nahm Jesus Brot, sprach den Segen, brach es und gab es den Jüngern mit den Worten: ›Nehmet hin und esset, das ist mein Leib.‹ Und er nahm einen Becher, sagte Dank, gab ihn ihnen und sprach: ›Trinket alle daraus, denn dies ist mein Blut des Bundes, das für viele vergossen wird zur Vergebung der Sünden‹« (Mt 26,26–28).

Lassen wir uns zu Bewußtsein kommen, wie ungeheuer das ist, was hier geschieht, und wie man davor nur die Wahl hat, zu glauben und anzubeten – oder aber sich gegen die Zumutung zu verwahren. Wie göttlich muß Er wissen, daß Er über Leben und Tod steht, wenn Er den Gedanken denken kann, den Seinen Speise des eigentlichen Lebens zu werden! Wie tief muß Er wissen, daß sein Wesen nichts von Verwirrung, nichts von Gift enthält, wenn Er den Willen haben kann, es den Seinen als Nahrung zur Ewigkeit zu geben! Welcher Lebensmacht muß Er inne sein, daß daraus die stille Sicherheit seines, jedes natürliche Maß übersteigenden Tuns kommen kann! Welches Bewußtsein der Reinheit, allmächtiger Reinheit!

Das ist es, was an diesem Abend geschieht. Dann kommt der Tod. Und dann die Auferstehung. Und fünfzig Tage nachher wird Pfingsten sein und der Geist Gottes in die Zeit eintreten. Er wird die Führung der heiligen Geschichte ergreifen und die Glaubenden fähig machen zu verstehen – sagen wir besser: in dem zu leben, was da in der Einsamkeit und in der Ratlosigkeit des letzten Abends geschehen ist.

Johanneische Botschaft, 1962, S. 14–19

Christliches Dasein

FEUERZEICHEN EINER NAHENDEN WIRKLICHKEIT

Wir verstehen den Sinn der Seligpreisungen erst, wenn wir uns vorher die »natürliche« Ordnung der Wertungen ins Bewußtsein rufen. Was sagt die zur Frage des Besitzes? Die Reichen sind selig! Es ist schön, in einer Fülle zu leben; in weitem, freimachendem Daseinsraum und im Besitz aller Möglichkeit, seine Kräfte zu entfalten. Es ist glückbringend zu besitzen, was edel und kostbar ist. Und des besten sittlichen Strebens würdig ist die Aufgabe, die Gefahren zu überwinden, die im Reichtum liegen; sich von ihm nicht entnerven zu lassen, nicht genießerisch, selbstsüchtig, gedankenlos zu werden, sondern in steter Selbstzucht, Maß, Beherrschung und Freiheit zu erringen. Es ist eine edle Aufgabe, den Reichtum durch die eigene Lebensführung zu rechtfertigen; die Möglichkeiten, die er bietet, in lebendige Kräfte zu verwandeln und, was er an Bevorzugung gibt, zur Verantwortung zu machen. Das alles aber entbehren zu müssen, arm zu sein – nicht etwa nur mäßig bemittelt! – ist Unseligkeit. Nichts kann so stumpf machen, wie die Sorge. Nichts kann so begehrlich machen und die Bedeutung der Dinge so über alles Maß steigern, wie die Entbehrung. Armut kann alles Zarte zertreten, jede Schranke niederreißen, den Menschen in jeder Weise preisgeben. Armut ist Unselig-keit. Jedes natürliche Empfinden spricht so. Wer aber anders spricht, ist entweder reich und spürt aus seinem Überfluß her-aus ein Verlangen nach Herberem; oder er will sich interes-sant machen; oder aber er ist selbst arm und steht im Ressenti-ment gegen das, was ihm versagt bleibt.

Das natürliche Empfinden sagt: Es ist schön, froh zu sein. Die Freudigkeit macht alles blühen. Sie ist wie die Sonne. In ihrem hellen Licht drängt alles hervor, was im Menschen gut und schaffend ist. Sie macht leicht, überwindungsstark, gut. Trau-rigkeit aber belädt mit Last und hüllt in Dunkel. Welches na-türliche Empfinden kann sagen, daß Leid selig sei? Keiner, der wirklich Leid trägt, spricht so. Er wird es so tapfer als möglich tragen, weil es nun einmal getragen werden muß. Er wird es als Preis für etwas erkennen, was damit bezahlt werden muß – und das Bitterste ist schon weg, wenn man weiß, wofür der Preis ist. Doch er wird es nicht »selig« nennen. Wer aber selbst kein Leid erfahren, hat kein Recht, darüber zu reden.

Das natürliche Empfinden sagt: Es ist schön und selig, für eine der Ehre würdige Botschaft, für ein recht getanes Werk offene Herzen zu finden. Wenn einer die Botschaft bringt, und ein Anderer sie werthält – die beiden zusammen sind mehr als Zwei, denn sie sind schöpferisch. Gewiß gibt es Mißverständ-nisse, tragische Verwicklungen, den Widerstand gegen das Edle. Jeder reine Wille muß auf Verfolgung gefaßt sein und kann darin stark und selbstlos werden. Dennoch ist nichts se-liger, als die Gemeinschaft im Guten. Niemals kann es von der natürlichen Ordnung der Dinge her selig sein, verfolgt zu wer-den. Am allerwenigsten »um der Gerechtigkeit willen«, weil stumpfer Sinn, Trägheit des Herzens, Neid und Empfindlich-keit sich gegen das mahnende Gute wehren. Nichts kann reine Bereitschaft, dargebotene Hand und geöffnetes Herz so ent-mutigen, wie die »Verfolgung um der Gerechtigkeit willen«.

Wir dürfen doch nicht bei solchen Dingen an ein abstraktes Prinzip denken, sondern an den Menschen, wie er wirklich ist, an Dich und mich, an unsere Freunde, an die Menschen, wie sie sind.

Ebenso verhält es sich mit den übrigen Seligpreisungen und mit der ganzen Bergpredigt.

Und nun steht Einer da und sagt: Ich künde euch eine Wahrheit, ich bringe euch eine Wirklichkeit, so über alles hinaus, »was je in ein Menschenherz gekommen ist«, daß von ihnen her die Armut, in sich unselig, zur Seligkeit wird. Die Seligpreisungen sind keine Grundsätze, sondern Einbruchstellen einer anderen Gesinnung in diese unsere verhärtete und verschlossene Welt. Keine Maximen einer neuen Ethik, sondern Feuerzeichen einer nahenden, höheren Wirklichkeit, die sich in ihrer heiligen Größe dadurch bezeugt, daß sie die »natürliche« – angeblich natürliche – Ordnung der Werte unterwirft. [...] Das Neue und Andere durch Umstürzung des Bekannten, welches ganz in Fleisch und Blut übergegangen ist, auszudrücken – darin besteht das Wesen der Seligpreisungen. Wird das vergessen; nimmt man sie direkt und ohne weiteres, als ethische Grundsätze, in einer Reihe mit anderen Grundsätzen sonst; nennt man sie »höher« als diese, »edler«, endgültig hoch, endgültig edel, aber eben doch in eine Reihe mit ihnen, was auch bedeutet, daß sie sich vor diesen »natürlichen« ethischen Werten bewähren müssen – dann werden jene Sätze falsch. Wenn man sein Innerstes auf sie sammelt und es rein urteilen läßt, dann lehnt das sie ab. Mehr, es lehnt sich gegen sie auf: Wie kann man so etwas sagen! Das ist etwas Verzweifeltes! Ein verzweifelter Mensch, der nicht mehr in gesunder Luft leben kann, sucht hier am Rande des Abgrundes eine Möglichkeit für seine verlorene Existenz. Eine große Seele, die unerhörte Qual leidet und keinen Ausweg sieht, macht diese Qual zur Norm, um eine Rechtfertigung ihres Daseins zu finden ... Oder aber das natürliche Empfinden wird als Maßstab festgehalten, und dann geht der Sinn jener ungeheuren Sätze verloren. Aus ihnen wird irgend etwas Harmloses oder Spießiges: Die Leidenden sind selig, denn das Leiden macht tief; die Armen sind selig, denn die Armut hält schlicht und bewahrt vor der Verführung des Geldes ... Solche Maximen können sich vor dem natürlichen Gefühl bewähren, sind aber belanglos. Ja es kann das noch Schlimmere eintreten, daß sich mit diesen ungeheuren Rufen göttlicher Kühnheit die Mittelmäßigkeit deckt. Es gibt eine armselige »Armut am Geiste«, die ihre eigene Beschränktheit zur Norm setzt und verbietet, daß einer geistig reich sei. Es gibt eine trübe Freudlosigkeit, die sich selbst als das Christliche aufstellt und helles Leben und Schaffen für heidnisch erklärt.

Wenn aber der echte Sinn der heiligen Worte gesichert ist, dann kommt daraus auch eine »Ethik«. Doch kann man da nicht mehr von Ethik sprechen. Es ist etwas anderes. Eine Haltung, die aus göttlicher Wirklichkeit lebt, Glaube. Liebe; aber nicht die allgemeine psychologische oder ethische, sondern jene, die Christus meint, wenn er das Wort spricht. Diese Liebe bedeutet ein Wagnis, das sich aus den natürlichen Wertungen heraus nicht rechtfertigen kann. Sie schafft etwas in die Welt hinein, was noch nicht darin war. Sie holt immerfort eine Wertordnung herauf, die es in der unmittelbaren Welt nicht gibt, und von dieser bekämpft wird, weil sie göttlich ist, und darum »über alle Vernunft«. Liebe ist die Aufrichtung einer aus dem Herzen Gottes stammenden Wertordnung, die zu dieser Welt, so wie sie jetzt ist, im Widerspruch steht. Und sie ist Hoffnung. Hoffnung bedeutet den Appell eines wachsenden Lebens an die Gewähr seiner Vollendung. Das Leben aber, um das es sich hier handelt, stammt nicht aus der Welt. Nichts, was »Welt« heißt, gibt ihm Gewähr. Die einzige Gewähr, daß es sich vollenden werde, liegt in der Treue des verheißenden Gottes.

Für dieses Leben, für seine Wertungen und also auch für seine »Ethik«, sind die Seligpreisungen die Einbruchstellen, die Grenzsignale.

Diese Dinge gehen uns heute besonders an. Unsere Zeit scheint bereit, zu glauben; tiefer, rückhaltloser als das vergangene halbe Jahrhundert. Es wird ihr aber schwerer; vielleicht deshalb, weil sie genauer empfindet, was Glauben heißt. Ebendarum will sie dieses Schwer-Sein rein haben. Gerade in ihm fühlt sie, worum es sich handelt. So ist sie mißtrauisch gegen alle Bemühungen, eine Übereinstimmung zwischen Natur und Christlichkeit herzustellen. Gewiß ist's bedeutungsvoll, zu erkennen, daß die christlichen Dinge in tiefer Verwandtschaft mit den natürlichen stehen; daß sie *perfectiones naturae* sind, von dieser erwartet und vorbereitet. Es ist lösend wahr, daß in einem letzten Sinne der Glaube etwas Selbstverständliches ist – wie ja auch Christus gesagt hat: »mein Joch ist süß, und meine Bürde ist leicht.« Dennoch gibt es vielleicht nichts, was den Glauben so im Tiefsten verwirrt, wie das Bestreben, ihn gar so »vernünftig« zu machen. Man will den Preis klein machen, um zu zeigen, daß es nicht schwer sei, ihn zu bezahlen; vergißt aber darüber, daß was wenig kostet, eben billig ist. Manchmal denkt man, der beste Dienst, den man unserer Zeit leisten könnte, wäre der, das Christentum schwer zu machen. Es gibt edle Kräfte, die wollen belastet sein, dann steigen sie auf. Ist unser Christentum nicht zu billig und darum gerade den Besten wertlos? Ist es nicht weithin spießig geworden? Angelegenheit eines durchschnittlichen Verstandes?

In Spiegel und Gleichnis, ²1932, S. 169–174

Das Gewissen wird so bestimmt, daß es die geltenden Gesetze
erkennt und ausführt; das Gegebene richtig beurteilt und ordnet. Dadurch wird seine entdeckerische, wagende, schaffende
Funktion in den Hintergrund gedrängt. Es gibt aber auch das
christlich Neue. Nicht nur als neue Anwendung des bereits Bekannten, sondern als Entdeckung des noch Unbekannten. Das
christliche Tun soll das Reich Gottes herauführen. Dieses
Reich besteht aber nicht nur in der Verwirklichung ewiger
Ordnungen, sondern auch im Werden des neuen Menschen,
des neuen Himmels und der neuen Erde. Darin liegen noch un-
erkannte Werte: Tugenden, von denen noch niemand weiß;
Werke, deren Möglichkeit noch nicht gesehen ist. Warum das
Christliche auf das einengen, was schon zu Tage liegt? Der es
wirkt, ist der unendliche Gott. Er geht über jede Regel. Und
Christus, des Vaters Epiphanie in der Geschichte, ist wohl der
Hüter des Gesetzes, von dem »kein Strich und kein Jota verloren gehen darf«, aber auch der »Vater des kommenden Äons«,
von dem noch keiner weiß. Macht sich im christlichen Leben
nicht eine beunruhigende Eintönigkeit fühlbar? Regt sich
nicht zuweilen eine quälende Empfindung der Langeweile?
Eine solche Empfindung kann das Symptom tiefer Notstände
sein. Sie kann anzeigen, daß die Gestalt des christlichen Daseins verarmt, seine bestimmende Haltung unfruchtbar wird,
die Form seiner Antriebe leerzulaufen beginnt. [...]
Während einst die Welt auch außerhalb des Klosters durch die
Ordnung des Glaubens und des Tuns, durch gültige Gestalten
und Symbole durchwaltet war, und also der Mensch im freien
Raum der Dinge und Geschehnisse überall auf den Anruf der
Offenbarung stieß, hat sich seit der Renaissance immer schärfer eine Welt herausgebildet, die sich überhaupt nicht mehr

christlich versteht und in deren Gefüge der objektive Anruf der Offenbarung nicht mehr vernommen wird. [...]

Nur noch selten erscheint eine konkrete Autorität und spricht: Tu das, oder laß jenes. In der Regel steht der Christ allein. Dieser neuen und entscheidenden Tatsache: der Einsamkeit des Christen in einer aus den christlichen Ordnungen herausgelösten Welt geschieht ihr Recht nicht, wenn sie einfach als falsch angesehen und der frühere Zustand als Ideal aufgerichtet wird. Dadurch wird der Christ zu etwas verpflichtet, was nicht mehr möglich ist, und das, was ist, zu einem nur noch mit Geduld zu ertragenden Übel gemacht. So liegen aber die Dinge nicht. Aus der Botschaft der Vorsehung folgt, daß alles Seiende und Geschehende – mag es auch aus noch so großem Irrtum und noch so schlimmer Schuld hervorgegangen sein – für den einzelnen, dem es entgegentritt, zum Gegebenen und damit zum Inhalt der Vorsehung und zum Element der Situation wird. Die Aufgabe besteht dann nicht nur darin, das, was nun einmal ist, hinzunehmen, sondern es zur Voraussetzung des eigenen Handelns zu machen. In dieser Aufgabe steht aber der, den sie trifft, sehr allein.

Ja, noch mehr. Es gibt die Frage, ob eine Entwicklung, welche die Breite von Weltgeschehen angenommen und die Gestalt des Daseins nach allen Seiten bestimmt hat, vollkommen falsch sein könne; ob ihr nicht unter allen Umständen ein wahrer Kern innewohnen müsse, der freilich mit Falschem verwoben und durch Unheil bezahlt worden ist. Die Frage gehört wohl zu den schwersten, welche die Geschichtsphilosophie stellen kann, und wir werden hier gewiß keine Antwort versuchen. Jedenfalls muß die Möglichkeit festgehalten werden, daß auch das fragwürdigste Geschehen der mit Unrecht und Irrtum beladene Durchbruch einer neuen Existenzgestalt sein kann. Das ist um so wichtiger, als der Radikalismus in diesen Dingen kaum einmal aus echter Glaubenskonsequenz, in

der Regel aus genau angebbaren psychologischen Motiven stammt. Wenn aber jede Zeit wenigstens die Möglichkeit christlich-positiven Werdens enthält, dann gewinnt die Verantwortung des einzelnen eine neue und größere Bedeutung: von dem angerufen zu sein, was noch nicht ist. [...]
Wenn in der kirchlichen Pädagogik von der Möglichkeit des Christen und der Verantwortung des Laien gesprochen wurde, dann geschah das oft in einer nicht nur einschränkenden, sondern uneigentlichen Weise. Es wurde von Verantwortung und Mündigkeit geredet, gemeint schien aber oft nur die Entschlossenheit des Gehorsams. Der gilt natürlich nach wie vor, ist aber nicht das Ganze und – in der heranreifenden Weltstunde – vielleicht nicht einmal das gerade jetzt Dringliche. Was jetzt gefordert wird, scheint mehr und anderes zu sein: das zu Tuende zu entdecken, für das es noch keine Ordnung gibt, und ihm zur Verwirklichung zu helfen.
Nun bekommt das, was Situation heißt [...] eine ganz neue Spannung. Darin steht auf der einen Seite die Botschaft des Evangeliums und das innere Drängen des Heiligen Geistes, auf der andern die erschütterte, bis auf den Grund in Umformung begriffene Welt, wie sie gerade jetzt und hier und um diesen einzelnen her ist. Die Aufgabe aber lautet, aus der Weisung und Kraft des ersten zu tun, was die zweite verlangt.

Jean-Pierre de Caussade, Ewigkeit im Augenblick. Einleitung, [4]*1955,*
S. 14-20

BEDRÄNGNISSE DES HERZENS

Es ist besser, die Ungewißheit weiterzutragen, als sich selbst in eine Entschiedenheit zu überreden, die noch keinen wirklichen Stand hat. Die erste, echte Bereitschaft enthält schon den

Glauben; die Unwahrheit hingegen, mit der man sich in eine Überzeugtheit, die man noch nicht hat, hineintäuscht und die Gewaltsamkeit, mit der man sich zu einem Bekenntnis zwingt, das noch nicht im Herzen wurzelt, enthalten schon den Keim der Zerstörung.

Das bedeutet aber nicht, Zweifel seien schon Zeichen beginnenden Glaubenszerfalls. Jederzeit können Fragen auftauchen und Unruhe bringen, zumal es ja meist Bedrängnisse des Herzens sind, die da gedankliche Formen annehmen. Solange der Glaube noch nicht in Schauen übergegangen ist, wird er immer wieder angefochten und muß sich um sein Leben wehren; zumal in der überhellten, alles auflösenden Neuzeit, in welcher dem Glauben so oft die Fülle des Schauens und die Glut des Erfahrens fehlen und er nur mit den Kräften der Treue ausharren muß. Abgesehen davon aber gibt es Fragen, tiefe, nach jeder vermeintlichen Lösung neu sich erhebende, deren Sinn nicht darin liegt, gelöst, sondern gelebt zu werden und den Glauben dessen, der sie trägt, immer reiner zu machen.

Der Herr, 1938, S. 344

WENIGE, DENEN ES GEGEBEN IST

Bei dieser Auserwählung könnte es sich natürlich nicht um irdische Anlage handeln – so etwa wie nur jener zu großen Unternehmungen taugt, der mit unerschrockenem Herzen und mächtigem Willen geboren ist, oder nur der hohe Werke hervorbringen kann, der das Geheimnis der schöpferischen Tiefe in sich trägt. Jesus ist nicht gekommen, besonders begabten Menschen die Botschaft zu bringen, sondern »dem, was verloren war«. (Lk 19,10) Die Auserwählung, von der hier die Rede ist, kann also nur ein Walten der Gnade bedeuten: daß Gott das

Herz aus der Selbstsucht löse, es lehre, das Eigentliche vom Uneigentlichen zu unterscheiden und es stärke, wirklich aus dem Glauben zu handeln.

Wie sich das dann näherhin auswirkte, würde von der Art des betreffenden Menschen abhängen. In einem Hochbegabten, etwa einem heiligen Franziskus, würde aus dieser Gnade das auch menschlich große christliche Dasein hervorgehen. Sie könnte sich aber auch unter ganz schlichten Bedingungen auswirken; ein solcher Mensch würde dann leben wie alle, doch sein Inneres wäre in Gott.

Immer aber wären es Wenige, in besonderer Weise vom freien Ratschluß Gottes Gerufene, denen dieser Weg offen stünde.

Der Gedanke, nur Wenige seien auserwählt, ist schwer anzunehmen und kann tief entmutigen – viel tiefer als der scheinbar noch radikalere, im Grunde sei niemand im Stande, die christliche Forderung zu erfüllen.

Denn auch dieser scheint manchmal durchzudringen – so im Gespräch mit dem reichen Jüngling. An dessen Schluß wird deutlich, daß der Fragende am Besitz hängt, und Christus spricht das Wehe über die Reichen. Die Jünger ziehen ganz richtig die Folgerung: Wenn das so ist, wer kann dann selig werden? Christus aber »schaut sie an« und sagt: »Bei den Menschen ist es unmöglich; doch bei Gott ist alles möglich!« (Mt 19,26) Hier geht es offenbar um die christliche Existenz überhaupt, und der Einzelne fühlt sich irgendwie beruhigt, wenn er hört, keiner sei von der allgemeinen Unmöglichkeit ausgenommen. Dann steht er unter den Menschengeschwistern *allen* und appelliert an Gottes Barmherzigkeit – denn einen Sinn, und zwar einen Sinn der Erlösung muß es doch haben, wenn Christus gekommen ist! ... In der Bergpredigt verlangt Gott aber die Erfüllung. Man fühlt, daß er ein Recht hat, sie zu verlangen; sieht, daß das, was er da fordert, richtig ist – hört aber dann, daß dieses von allen Geforderte nur Wenige vollbringen können; jene Wenigen, denen es gegeben ist. Das anzunehmen ist schwer.

Zunächst muß daran erinnert werden, daß man die Worte der Schrift nie einzeln nehmen darf. Sie müssen immer ins Ganze eingefügt werden; da werden sie dann durch andere Worte entwickelt, eingeschränkt, in Gegenstellung gesetzt. So besinnen wir uns darauf, daß die Engelsbotschaft der Geburtsnacht den Frieden Gottes allen denen verkündet, die guten Willens sind. Jesus selbst sagt, er sei »gekommen, zu retten, was verloren war« (Lk 19,10), und immer wieder erbarmt er sich über die Vielen, die ratlos dahinirren »wie Schafe ohne Hirt«. (Mt 9,56) Das klingt anders als das Wort von den wenigen Auserwählten. Doch müssen wir auch dieses hinzunehmen. Das eine ist wahr, das andere aber auch. Gedanklich können wir den Gegensatz nicht mehr auflösen, sondern müssen ihn lebendig verstehen, jeder mit sich selbst vor Gott.

Der Herr, 1938, S. 116–117

IN FREIEN RAUM GESTELLT

Lange Zeit habe ich sehr stark die Bedeutung der asiatischen Kunst empfunden. Sie schien mir überaus tief, und vielleicht war eine Neigung da, in ihr das Größere zu sehen. Als ich aber die von Kennern hochgepriesene Ausstellung chinesischer Kunst in Berlin sah, wurde ich geheilt. Ich wurde inne, was Europa ist, und seiner kühnen Überlegenheit froh.

Und nun begreife ich nicht mehr, wie man schwanken kann. Hier hat es der Mensch wirklich gewagt. Er hat den hütenden Naturzusammenhang verlassen und sich in freien Raum gestellt. Den Adel und die Gefährlichkeit des Menschendaseins fühlt man da.

Vor so manchem Werke der Antike verstehe ich, was die Rede von den Göttern meint – so wie mir damals auf der Höhe des Julierpasses der Bereich nahe kam, in welchem Götter wohnen. »Götter« ... man scheut sich wohl, den Namen so mit Bedacht auszusprechen, als liege darin schon ein Frevel gegen den Einen lebendigen Gott, der gesprochen hat: »Du sollst keine fremden Götter neben mir haben.« Aber »Götter« sind ja gar nicht die Vielzahl von dem, was »Gott« ist. Sie sind etwas anderes. Wesen über Menschenmaß. Sie gehören zu dieser Welt. In ihnen ist wohl etwas, das Frömmigkeit ruft, aber eine, die ganz in die Welt hineingehört. Sie sind rein; aber die Reinheit liegt in der Kraft des Wesens, in der Klarheit der Bewegung, in der inneren Notwendigkeit der Schicksalsfügung, in der Eindeutigkeit der Empfindung, und hat auch nur mit der ethischen Reinheit, gar denn mit jener, die das Christentum meint, nichts zu tun.

Eine weite, sehnsuchtweckende Schönheit liegt über diesen Wesen, und eine große Verführung geht von ihnen aus. Sie erheben sich in ihrer Herrlichkeit wohl erst, wenn man den lebendigen Gott vergißt. Sie weisen ein Ziel und verheißen eine Erfüllung, die von Gott weg liegt ...

Vielleicht muß man in den Süden gehen, um das zu verstehen. Muß das Licht des Südens sehen, und die Gegenwärtigkeit seiner Gestalten, um zu spüren, wie Uebermenschliches sich in menschlich umrissener Bildung ausdrückt, und um zu denken, daß ein Weg hinaufführen könnte ...

[...] Ob man nicht wirklich Christ erst sein kann, wenn man aufgehört hat, das Christentum für selbstverständlich zu nehmen? Oder ist das so nur für uns Heutige, die überall im Fragen stehen? Aber liegt nicht ein tiefer Trug darin, die christliche Existenz als selbstverständlich anzusehen, in einer Linie und in der gleichen Geschichte mit der griechischen und römischen und ägyptischen und welcher sonst noch? Vielleicht gar noch als die von der Natur her geforderte »beste«?

Erst jener, den es berührt hat, was einst »Welt« war, als Daseinsgröße und Herrschbereich, und was sich heute wieder rüstet, »Welt« zu werden – vielleicht vermag der erst mit Verantwortung zu wissen, was es heißt, Christ zu sein!

Aber ich wende mir ein: dem Christsein wurde als letzter Maßstab die Kindlichkeit gegeben – ist das nicht der vollendete Ausdruck der Selbst-Verständlichkeit? Allerdings; von Gott her; als Ziel und Erfüllung. Doch gewiß nicht als Ausgangspunkt!

Welcher Unterschied der Welten! Dort römische Kraft, griechische Herrlichkeit, antikes Spüren göttlichen Geheimnisses in irdischer Größe, Bewegung des Genius – hier, in den Katakomben, nichts von alledem. Kärglich alles, barbarisch oft im Vergleich zu jenen Gestaltungen; kleine Leute und kleiner Leute Werk. Aber etwas wirkt darin, das kommt anderswoher: Das Pneuma. Und etwas rührt sich: Das von Christi Liebe berührte Menschenherz.

Wie sind die griechischen Bildwerke des Leibes sicher! Solch eine Anadyomene, oder der Fechter daneben im Thermenmuseum – welche Kenntnis setzen sie voraus. Aber die brauchen sie gar nicht gehabt zu haben. Sie hatten etwas Größeres, ein unerhörtes Leibgefühl. Sie besaßen den Leib in vollkommener gymnastischer Bildung. Sie empfanden jedes Glied, jedes Gelenk und jede Bewegung. Ihr Körper hatte die Seele eingesogen; sie lebte darin.

Aber so kann man wohl nicht sein, und zugleich wirklich offen stehen für den Bereich des Heiligen Geistes. Darum mußte der Bruch kommen. Die Seele mußte erst in irgend einem Sinne aus dem Leibe hinausgewagt, hinausgerissen werden, um frei zu werden für die andere Welt. Für eine Leiblichkeit, die in der Auferstehung offenbar wird, und dem »neuen Himmel und der neuen Erde« angehört. Aber sie beginnt schon in der Taufe.

Ob die Menschen nicht wirklich die Möglichkeit haben, »Götter« zu werden? Ob nicht etwas davon in der griechischen Welt Wirklichkeit geworden ist? In der unerhörten, nur so kurze Zeit währenden Aufgipfelung dieses nie wiederholten menschlichen Daseins?

Wir sehen wohl die Welt sehr klein. Wir sehen die schwindelnden Möglichkeiten von Größe, Schicksal und Herrlichkeit nicht. Wir sehen die Welt kümmerlich. Darum haben wir auch nicht die Leidenschaft des großen Opfers. Was Christentum heißt, das solches Opfer verlangt; das Ungeheure dieser Entscheidung, und was darin erwachen kann, so groß, daß es »noch nie in eines Menschen Herzen gedrungen ist« – das ermißt man wohl erst, wenn man ahnt, welche Möglichkeiten der Mensch tatsächlich hat. Die Heroen der Griechen ... der Kaisertraum der Staufer ... der selbstherrliche Mensch der Neuzeit – man tut dem Christentum keinen Dienst, wenn man diese Dinge nur als Torheit oder Ueberhebung wegwirft! Das Wort Gottes redet die Menschen in anderem Ton an, wenn es bei Johannes heißt: »Ich sage: Götter seid ihr? Wenn er jene Götter genannt hat, an die das Wort Gottes erging, und die Schrift darf nicht aufgelöst werden ...«

In Spiegel und Gleichnis, 1932, S. 221–225

Anbetung

VOR GOTT EIN SPIEL TREIBEN

Die Liturgie schafft eine weite Welt voll reichen geistlichen Lebens und läßt die Seele sich darin bewegen und entfalten. Diese Fülle von Gebeten, Gedanken, Handlungen, diese ganze Ordnung von Zeiten usw. wird unverständlich, wenn man sie am Maßstab der sachlichen, gespannten Zweckmäßigkeit mißt. Die Liturgie hat keinen »Zweck«, kann wenigstens vom Gesichtspunkt des Zweckes allein aus nicht begriffen werden. Sie ist kein Mittel, das angewandt wird, um eine bestimmte Wirkung zu erreichen, sondern – bis zu einem gewissen Grade mindestens – Selbstzweck. Sie ist nicht Durchgang zu einem außerhalb liegenden Ziel, sondern eine in sich ruhende Welt des Lebens. Das ist wichtig. Übersieht man das, dann müht man sich ab, in der Liturgie allerlei erzieherische Absichten zu finden, die wohl irgendwie hineingelegt werden mögen, aber nicht wesentlich sind.

Genau genommen, kann die Liturgie schon deshalb keinen »Zweck« haben, weil sie ja eigentlich gar nicht um des Menschen, sondern um Gottes willen da ist. In der Liturgie sieht der Mensch nicht auf sich selbst, sondern auf Gott; auf Gott ist der Blick gerichtet. In ihr soll der Mensch nicht sich erziehen, sondern auf Gottes Herrlichkeit schauen. Der Sinn der Liturgie ist der, daß die Seele vor Gott sei, sich vor ihm ausströme, daß sie in seinem Leben, in der heiligen Welt göttlicher Wirklichkeiten, Wahrheiten, Geheimnisse und Zeichen lebe, und zwar ihr wahres, eigentliches, wirkliches Leben habe.

Es gibt zwei sehr tiefe Stellen in der Heiligen Schrift, die in dieser Frage das befreiende Wort sprechen. Die eine steht in der Schilderung vom Gesicht Ezechiels. Wie sind diese flammenden Cherubim, die »gerade vor sich hingingen, wohin der Geist sie trieb ... und sich nicht umwendeten im Gehen ... hin- und zurückgingen wie das Leuchten des Blitzes ... gingen ... und standen ... und sich vom Boden erhoben ... deren Flügelrauschen zu vernehmen war wie das Rauschen vieler Wasser ... und die, wenn sie standen, die Flügel wieder sinken ließen ...« – wie sind sie »zwecklos«! Wie geradezu entmutigend für einen Eiferer vernünftiger Zweckmäßigkeit! Sie sind »nur« reine Bewegung, machtvolle, herrliche, die sich auswirkt, wie der Geist sie führt; die nichts will, als eben das innere Wesen des Geistes ausdrücken, die innere Glut und Gewalt äußerlich offenbaren: das ist ein lebendiges Bild der Liturgie. [...]

Auch im Bereich des Irdischen gibt es zwei Erscheinungen, die nach der gleichen Richtung weisen: das ist das Spiel des Kindes und das Schaffen des Künstlers.

Im Spiel will das Kind nicht etwas erreichen Es kennt keinen Zweck. Es will nichts, als seine jungen Kräfte auswirken, sein Leben in der zweckfreien Form der Bewegungen, Worte, Handlungen ausströmen und dadurch wachsen, immer voller es selbst werden. Zweckfrei, aber voll tiefen Sinnes; und der Sinn ist kein anderer, als daß eben dies junge Leben sich ungehemmt in Gedanken und Worten und Bewegungen und Handlungen offenbare, seines Wesens mächtig werde, daß es einfach da sei. Und weil es nichts Besonderes will, weil es sich ungebrochen und ungezwungen ausströmt, deshalb wird der Ausdruck auch harmonisch, wird die Form klar und schön: sein Gehaben wird von selbst Reigen und Bild, Reim, Wohllaut und Lied. Das ist Spiel: zweckfrei sich ausströmendes, von der eigenen Fülle Besitz ergreifendes Leben, sinnvoll eben in seinem reinen Dasein. Und es ist schön, wenn man es ruhig gewähren läßt, wenn kein pädagogischer Aufkläricht Absichten hineinträgt und es unnatürlich macht.

Sowie dann das Leben voranschreitet, kommen auch die Kämpfe; es fühlt sich zwiespältig und häßlich. Der Mensch stellt sich vor Augen, was er will, was er soll, und sucht es in seinem Leben und Sein zu verwirklichen. Dabei erfährt er aber, wieviel dem widersteht, und merkt, daß er so gar selten ist, was er sein sollte und wollte.

Diesen Widerspruch zwischen dem, was er möchte, und dem, was er wirklich ist, sucht er deshalb in einer andern Ordnung zu überwinden, im unwirklichen Bereich der Vorstellung, in der Kunst. In der Kunst sucht er die Einheit zu schaffen zwischen dem, was er will, und dem, was er hat; zwischen dem, was er soll, und was er ist, zwischen Seele drinnen und Natur draußen; zwischen Körper und Geist. Das sind die Gestalten der Kunst. Sie haben also keinen Zweck der Belehrung, sie wollen nicht bestimmte Wahrheiten oder bestimmte Tugenden beibringen. Nie hat ein wirklicher Künstler das beabsichtigt. In der Kunst will der Künstler nichts, als jene innere Spannung überwinden, das höhere Leben, nach dem er verlangt und das er in der Wirklichkeit immer nur annäherungsweise erreicht, in der Welt der Vorstellung zum Ausdruck bringen. Der Künstler will nichts, als sein Wesen und Sehnen ausschaffen, der innern Wahrheit äußere Gestalt geben. Und der Beschauer soll vor dem Kunstwerke nichts wollen, als daß er in ihm sich aufhalte, atme, frei sich bewege, des eigenen Wesensbesten sich bewußt werde, die Erfüllung der innersten Sehnsucht ahne.

Nicht aber soll er überlegen und »vernünftig« denken und Belehrung und gute Ermahnung suchen.

Noch Höheres leistet nun die Liturgie. In ihr wird dem Menschen Gelegenheit geboten, daß er, von der Gnade getragen, seinen eigensten Wesenssinn verwirkliche, daß er ganz so sei, wie er seiner göttlichen Bestimmung gemäß sein sollte und möchte: ein »Kind Gottes«. In der Liturgie soll er vor Gott »sich seiner Jugend erfreuen«. Das ist etwas ganz Übernatürliches, gewiß, aber eben deshalb zugleich der innersten Natur entsprechend. Und weil dies Leben höher ist als das, wozu die gewöhnliche Wirklichkeit Gelegenheit und Ausdrucksform gibt, so nimmt es sich die entsprechenden Weisen und Gestalten aus jenem Bereich, in dem es sie allein findet, nämlich aus der Kunst. Es spricht in Maß und Melodie: es bewegt sich in feierlicher, gebundener Gebärde; es kleidet sich in Farben und Gewänder, die nicht dem gewöhnlichen Leben angehören; es vollzieht sich in Räumen und Zeiten, die nach erhabeneren Gesetzen gegliedert und aufgebaut sind. Es wird im höheren Sinn ein Kindesleben, in dem alles Bild ist, Reigen und Lied.

Das ist die wunderbare Tatsache, die in der Liturgie gegeben ist: Kunst und Wirklichkeit ist eins im übernatürlichen Kindsein vor Gott. Was sonst nur im Reich des Unwirklichen, in der künstlerischen Vorstellung gegeben ist, nämlich die Formen der Kunst als Ausdruck vollbewußten Menschenlebens, das ist hier Wirklichkeit. Sie sind die Daseins- und Ausdrucksgestalten eines wirklichen, freilich übernatürlichen Lebens. Doch auch dieses hat mit dem des Kindes und dem der Kunst das eine gemein. Es ist frei vom Zweck, dafür aber voll tiefsten Sinnes. Es ist keine Arbeit, sondern Spiel.

Vor Gott ein Spiel zu treiben, ein Werk der Kunst – nicht zu schaffen, sondern zu sein, das ist das innerste Wesen der Liturgie. Daher auch die erhabene Mischung von tiefem Ernst und göttlicher Heiterkeit in ihr. Daß sie so streng und sorgfältig in tausend Vorschriften bestimmt, wie Worte, Bewegungen, Farben, Gewänder, Geräte beschaffen sein sollen, solches versteht nur, wer die Kunst und das Spiel ernst zu nehmen vermag. [...]

Liturgie üben heißt, getragen von der Gnade, geführt von der Kirche, zu einem lebendigen Kunstwerk werden vor Gott, mit keinem andern Zweck, als eben vor Gott zu sein und zu leben; heißt, das Wort des Herrn erfüllen und »werden wie die Kinder«; einmal verzichten auf das Erwachsensein, das überall zweckhaft handeln will, und sich entschließen, zu spielen, so wie David tat, als er vor der Bundeslade tanzte. [...]

Auch darin besteht also die Aufgabe der Erziehung zur Liturgie, daß die Seele lerne, nicht überall Zwecke zu sehen, nicht allzu zweckbewußt, allzu klug und »erwachsen« sein zu wollen, sondern sich dazu verstehe, einfachhin zu leben. Sie muß die Rastlosigkeit der zweckgetriebenen Tätigkeit wenigstens im Gebet aufgeben lernen; muß lernen, für Gott Zeit zu verschwenden, Worte und Gedanken und Gebärden für das heilige Spiel zu haben, ohne immer gleich zu fragen: Wozu und warum? Nicht immer etwas tun, etwas erreichen, etwas Nützliches zustande bringen wollen, sondern lernen, in Freiheit und Schönheit und heiliger Heiterkeit vor Gott das gottgeordnete Spiel der Liturgie zu treiben.

Vom Geist der Liturgie, 1918, S. 96–104

DER GEIST LEBT AUS DER WAHRHEIT

Daß ich der stärkeren Macht äußerlich nachgeben müsse, kann ich ihr ohne weiteres zugestehen; nicht, daß sich meine Person vor ihr beuge. Wenn das geschehen soll, muß die Macht sich rechtfertigen, vor der Wahrheit, vor der Gerechtigkeit, vor dem

Guten. Setzen wir für einen Augenblick den unsinnigen Fall, Gott, die unendliche Wirklichkeit und allvermögende Macht, wäre nur Wucht, nur Kraft, sonst nichts – dann dürfte ich mich innerlich nicht vor ihm beugen. Er könnte mein Leben zerstören; meine Person müßte ihm die Anbetung verweigern. Soll sie ihn anbeten, dann darf er nicht nur Macht haben, sondern muß würdig sein, daß er sie habe. [...]

Nun hat die Anbetung ihren Sinn. In ihr neigt sich vor Gott nicht bloß der Körper, sondern der Geist. Nicht nur das übermächtigte Gefühl, sondern die freie Person. Und das nicht nur, weil er die Wirklichkeit schlechthin und die unwiderstehbare Macht, sondern weil er die heilige Wahrheit und das Gute ist. Sich vor ihm zu neigen, ist nicht nur unvermeidlich, sondern recht. Gott anzubeten, ist Ausdruck der Wahrheit, der nie abgegriffenen, unausschöpfbaren, immer tiefer sich entfaltenden Wahrheit. Darum ist Anbeten gut. Darum bleibt darin die Würde des Menschen bewahrt – mehr, wird darin begründet; denn die Würde des Menschen kommt aus der Wahrheit, und wenn der Mensch sich vor Gott neigt, ist er recht und frei. [...]

Im Bereich des Geistes gibt es die Glut, die Innigkeit, die Tiefe, den Höhenflug, das Schöpferische – alles, was es in der Welt des Anschaubaren gibt, gibt es auch und eigentlich in der des Geistes. In ihr gibt es auch die Reinheit. Die Reinheit des Geistes ist etwas sehr Großes. Der Körper hat seine Reinheit; das Gemüt hat sie, der Geist hat sie auch, und aus der Reinheit ist er gesund.

Die Reinheit des Geistes hängt mit der Wahrheit zusammen. Jener Geist ist rein, in welchem die Unterschiede gezogen, und die Grenzen gewahrt werden; der das Große groß nennt, und das Kleine klein; der niemals Ja in Nein verkehrt und Nein in Ja, der Gut und Böse durch das unbedingte Entweder-Oder geschieden hält, welches zwischen sie gesetzt ist. Damit soll nicht gesagt sein, daß das Gute auch schon getan und das Böse gemieden werde, sondern etwas viel Früheres: daß Gut nie Böse genannt wird, und Böse nie Gut. [...]

Kann der Geist als Geist erkranken? Das kann er: von seinem Verhältnis zur Wahrheit her. Nicht schon, wenn er gegen die Wahrheit fehlt; wohl aber, wenn er die Wahrheit als solche aufhebt, oder von ihr läßt, oder sie dem Zweck unterordnet, oder sie vernebelt. Dann erkrankt der Geist; und es wäre schwer zu sagen, wie vieles von den psychisch genannten Krankheiten im Grunde hierher stammt, denn der Geist lebt aus der Wahrheit, aber aus ihm eben das Gemüt und der Leib.

Die Gewähr für die Reinheit des Geistes ist die Anbetung Gottes. Solange ein Mensch Gott anbetet; solange er sich vor Gott neigt, als vor Dem, der »würdig ist, zu empfangen die Macht und die Ehre und die Herrschaft«, weil er der Wahre und Heilige ist – solange bleibt er vor dem Trug gefeit.

Reinheit und Gesundheit des Geistes sind das Stärkste im Sinn – aber auch, wie der Mensch nun einmal ist, das Verletzlichste und Verführbarste im Sein. Sie bedürfen der Hut. Es muß etwas geben, woran dem Menschengeist immer wieder Wahr und Falsch, Rein und Unrein deutlich werden. Daß der Mensch das Rechte, das er unterschieden hat, nicht tue, ist schlimm und macht ihn »des Gerichtes schuldig«. Ungleich furchtbarer aber ist die Verwirrung im Verhältnis zur Wahrheit selbst; der Trug, der schon im Blick wirkt, weil er im Geiste selbst sitzt. Darum muß es etwas geben, an dem das Herz sich immer wieder in der Wahrheit erneuert, der Geist sich reinigt, der Blick sich klärt, der Charakter verpflichtet wird. Das ist die Anbetung. Es gibt nichts Wichtigeres für den Menschen, als daß er lerne, sich mit dem inneren Sein vor Gott zu neigen; Ihm Raum zu geben, daß Er aufsteige und der Eigentliche sei, deshalb, weil er würdig ist, es zu sein. Zu denken, innerlich zu vollziehen, daß Gott der Anbetung würdig ist, aus Seiner

Wahrheit heraus, unendlich, restlos – das ist heilig und groß und macht gesund von Grund aus. [...]

Es gibt zwei Stunden des Tages, die in sich besonders bedeutungsvoll sind: der Morgen und der Abend. Wir Heutigen fühlen diese Bedeutung nicht mehr so stark, weil der Aufgang des Lichtes und der Einbruch der Nacht nicht mehr die Gewalt haben, wie beim Menschen, der noch tiefer im Zusammenhang der Natur stand. Irgendwie empfinden aber auch wir, vielleicht ohne es uns genauer zum Bewußtsein zu bringen, daß im Anfang des Tages der Anfang unseres Lebens wiederkehrt, und am Ende des Tages das Ende unseres Lebens sich vorentwirft. Das sind die gegebenen Zeiten der Anbetung. Da sollen wir sie üben. Üben – also sie nicht nur vollziehen, wenn es uns drängt. Das Gebet ist nicht nur Ausdruck inneren Lebens, das herauswill, sondern auch Tun des Menschen, der sich selbst erzieht. Gott anbeten, ist uns nicht von Wesen leicht, sondern wir müssen es lernen; dazu aber müssen wir es üben. Niederknien und uns gegenwärtig bringen, daß Gott ist und herrscht; daß er würdig ist, alle Macht zu haben. Würdig ist, Gott zu sein … Vielleicht entdecken wir eine große Seligkeit in diesem Gedanken: daß Gott würdig ist, Gott zu sein! Heilige sind über diesem Gedanken vor Liebe verbrannt.

Der Herr, 1938, S. 677–680

Leib

VERLEIBTE SEELE

Man sagt, die Natur sei »unschuldig«, die Pflanze sei es – ist das wahr? Was heißt hier überhaupt »unschuldig«? Ob sie es in sich selbst sei; ob es überhaupt einen Sinn habe, vor Stein und Pflanze und Tier von Schuld und Unschuld zu reden, lasse ich dahingestellt. Wird aber gesagt, die Natur sei unschuldig, wie Rousseau es tut, und viele nach ihm, so soll das doch wohl heißen, sie sei unschuldig für mich; sie sei für mich eine Region der Unschuld; ich werde entschuldet, wenn ich in ihr untertauche; ich sei schuldlos, soweit ich »natürlich« bin. Aber das ist ja gar nicht so! Hier habe ich tief gespürt: Vom Geist her erlebt, ist bloße Vitalität nicht »unschuldig«. Das sieht man daran, daß man sie eingehüllt will. Und nicht nur, weil sie Geheimnis wäre; ein Adyton, mit Ehrfurcht zu umgeben. Man fordert Scham von ihr, als Schutz vor einem Chaos der Verführung, Schutz für mich, der ich Geist bin. Nicht, weil ich Geist bin; als ob »Leben« als solches für »Geist« als solchen Gefahr wäre. Ebensowenig wie der Geist als solcher das Leben gefährdet, wie das die umgekehrte Gnosis der neuesten Philosophie des Gegen-Geistes aufstellt. Aber das Vitale ist für den Geist nicht unschuldig, weil im Geist selbst die Verführbarkeit, ja schon die Schuld liegt. So will der Geist, daß um das organische Leben die Scham liege. [...]

Ich habe begriffen, wie es dem Geiste zumute werden muß, wenn er in das Reich des bloß Triebhaften, des bloß Organischen geworfen wird: Ein Grauen muß über ihn kommen. Buddha hat in Indien, aus der sichtbar wuchernden Fülle des organischen Lebens, die Gewalt dieses Organischen gespürt – man denkt an die Regenzeit, in welcher die Natur dort wie in Orgien stehen muß; nicht umsonst hat ja die indische Askese für diese Zeit bestimmte Vorschriften gegeben. Das war vielleicht der Ausgangspunkt, von dem aus er Leben überhaupt, Dasein überhaupt als Unwert, als Leid empfinden konnte; und Heil, Heil der Person, Sicherheit dessen, worum es geht, legen konnte in die Ausstreichung von alledem; in das Aufwachen aus dem Trieb; in das Erlöschen.

Sobald der Geist wirklich erwacht, ist ihm die organische Natur nicht mehr unschuldig; nicht mehr einfach selbstverständlich; nicht mehr »natürlich« im eigentlichen Sinn des Wortes. Die Natur, die nun besteht, nicht. Das Paradies aber ist nicht mehr. Naturhafte Lebendigkeit unschuldig zu nennen, ist Oberflächlichkeit. Nietzsche hat wenigstens die Tiefe gehabt, diese Natur von vornherein »böse« zu nennen, und dann zu diesem Bösen sein Ja zu sagen! ... In irgend einem Sinne ist doch für uns Feindschaft gesetzt zwischen der »Natur« und dem Geist. Er hat sich zu wahren. [...]

Der Mensch ist geistig, aber er hat Pflanze und Tier in sich. Doch deren naturhaft gesicherter Schutz ist ihm genommen. Er hat nicht die Scham der unmerkbaren Bewegung; die Bewegung ist ihm gelöst. Er hat auch nicht die Hülle des Naturlautes, denn sein Laut ist Wort; er spricht. So muß er die Scham aus dem Geist aufbauen. Damit aber ist das ganze Problem aufgerissen, das zwischen Geist und organischem Leben beschlossen ist. Denn ich weiß wohl, auch das andere besteht:

Losgelöster Geist, wurzelloser, nicht mehr durch Sicherheit des Blutes und der Erde gewahrter, ist ebenfalls etwas Gefährliches. Und es gibt auch die Schamlosigkeit des »bloßen Geistes«. Aber vielleicht müssen wir hier dessen Zerrbild einsetzen: den bloßen Intellekt. Der bloße Intellekt ist kalt und schamlos. Man denkt an Grünewalds Zeichnung des »Affen Gottes«, der satanischen Trinität; an das vorderste Gesicht darin, den Teufel des Hochmuts: Eisiger, hüllenloser Intellekt! ... Der Menschengeist braucht Wahrung und Scheu gegenüber dem Organischen. Aber er braucht auch die Verwurzelung in den Leib und seine Demut, damit der ihn wahre vor der Hemmungslosigkeit des losgelösten Intellektes. Der Menschengeist ist »forma corporis«, und die Wahrung muß von beidem her gebaut werden: Vom Geist und vom Trieb. Die Notwendigkeit dieser Wahrung ist ein Ausdruck für das, was heute, nach dem Falle, Mensch heißt. Und ein letzter Ausdruck der Ursünde ist es, daß der Geist das Verbunden-Sein mit dem Körper als Gefahr empfinden muß – aber auch der Leib die Verbundenheit mit dem Geist. Und daß der Geist, sobald er den Körper als das erfährt, was er heute ist, sich eben schämt, wie es in der Genesis heißt. Freilich ist das Problem weder theoretisch, noch weniger praktisch, mit den bloßen Kräften von Geist und Körper zu lösen. Im Herzen begegnet der Geist dem Körper, und macht ihn zum »Leibe«; im Herzen begegnet das Blut dem Geiste, und er wird zur »Seele«. Beides geschieht durch die Liebe. Diese Liebe aber wird im Letzten erst durch die Gnade möglich, welche das Ganze, den Menschen, in die Teilnahme an Gottes Leben zieht.

Gibt es nicht doch zu denken, daß so oft körperlich schöne, gymnastisch durchgearbeitete, vor allem sportlich tüchtige Menschen ungeistige Gesichter haben? Das soll gewiß nicht heißen, man müsse krank werden, um geistig zu sein – obwohl über das Kapitel der Krankheit und ihrer Beziehung zum Geiste und zum Pneuma gerade heute Wichtiges zu sagen wäre. Es soll nicht angetastet werden, daß überall der Leib bedroht ist, daß wir wieder lebendige Menschen werden müssen, mit durchseeltem Leibe und verleibter Seele; daß vielleicht eine neue Vitalisierung des Geistes – zugleich mit dem Durchbruch und dem Mündigwerden der Person – eines der wichtigsten Probleme der Gegenwart ist. Allein die Gefährlichkeit der Situation soll bewußt bleiben. »Körpergesundheit« ist etwas Doppelsinniges: Nicht nur Grundlage, sondern auch Gefahr für den Geist; und es ist bedeutungsvoll, wie bald der Mensch unter dem Einfluß des Leib-Gedankens mit biologischen Kategorien der Rasse und der Züchtung zu denken beginnt, das heißt aber in untermenschliche Wertbereiche absinkt.

In Spiegel und Gleichnis, 1932, S. 59–63

DEN LEIB IN DIE INNERSTE TIEFE DER GOTTESNÄHE ZIEHEN

Wenn wir uns bemühen, die Gestalt Christi zu verstehen und von ihr her zu denken, dann werden wir vor die Wahl geführt, entweder über Gott umzulernen, eine neue Vorstellung von ihm anzunehmen und in eine neue Beziehung zu ihm zu treten – oder aber Christus aufzulösen und aus ihm einen bloßen, wenn auch noch so gewaltigen Menschen zu machen ... Aber auch über den Menschen müssen wir umlernen. Auch in seinem Bild und Sinn muß die Richtung herumgeworfen werden. Nicht mehr: Der Mensch ist, wie er von der Welt her erscheint; darum kann dieses Menschenwesen nicht auf dem Thron zur Rechten des Vaters sitzen – sondern: Da wir aus der Offenbarung erfahren, daß letzteres Tatsache ist, muß der Mensch etwas anderes sein, als wir dachten. Wir haben zu lernen, daß

Gott anders ist als das bloße »höchste Wesen«; sehr »menschlich« – und zu lernen, daß der Mensch mehr ist als »bloßer Mensch«, vielmehr mit der Spitze seines Wesens ins Unbekannte steigt und deren letzte Bestimmung erst aus der Auferstehung empfängt.

Erst die Auferstehung bringt die letzte Klarheit darüber, was Erlösung heißt. Nicht nur, daß uns offenbart wird, wer Gott ist, wer wir selbst, und was die Sünde; nicht nur, daß der Weg zu neuem Tun der Kinder Gottes gewiesen und die Kraft zum Beginnen und Vollbringen gegeben wird; ja nicht einmal nur, daß die Sünde gesühnt und so die Vergebung in ein Übermaß der Liebe und Gerechtigkeit verwurzelt wird – sondern Größeres, oder richtiger gesagt, Leibhaftigeres: Erlösung bedeutet, daß Gottes umschaffende Liebesmacht unser lebendiges Sein erfaßt. Wirklichkeit also, nicht nur Idee, Gesinnung, Richtung des Lebens. Erlösung ist der zweite göttliche Beginn nach dem ersten der Schöpfung. Und was für ein Beginn! Wenn jemand fragte. Was ist Erlösung, Erlösthaben, Erlöstsein? – dann müßte die Antwort lauten: der auferstandene Herr. Er, in seinem leibhaftigen Dasein, in seiner verklärten Menschheit – er ist die erlöste Welt. Darum heißt er »der Erstgeborene aus aller Schöpfung«, »die erste Frucht« und »der Anfang«. (Kol 1,15 u. 18; 1 Kor 15,20) In ihm ist die Schöpfung in das ewige Dasein Gottes hineingehoben. Und nun steht er in der Welt als unzerstörbarer Beginn. Er wirkt als entzündete Glut, die weiter brennt, als Pforte, die in sich hineinzieht; als lebendiger Weg, der ruft, ihn zu betreten. (Lk 12,49; Joh 10,7; 14,6) Alles soll in Ihn, den Auferstandenen, zur Teilnahme an seiner Verklärung hineingezogen werden. Das ist die Botschaft der Briefe an die Epheser und Kolosser, des ganzen Paulus und Johannes.

Zu Beginn der Neuzeit hat sich das Dogma gebildet, das Christentum sei dem Leibe feind. Was aber da das Wort »Leib« meint, ist der irdisch-selbstherrliche Leib – der Antike, oder

der der Renaissance, oder unserer Zeit. In Wahrheit hat das Christentum allein es gewagt, den Leib in die innerste Tiefe der Gottesnähe zu ziehen. [...]

Wir müssen das Bild umbauen, das wir von der Erlösung haben! Wir tragen noch den Rationalismus in uns, der die Erlösung nur ins »Geistige«, das heißt aber ins Gedankliche, in die Gesinnung, in die Gemütsbewegung legt. Wir müssen die göttliche Wirklichkeitsdichte der Erlösung lernen. Erlösung bezieht sich auf das Dasein, auf den Menschen; auf seine Wirklichkeit – so sehr, daß sie von einem Paulus, den wahrhaftig niemand der Leibverfallenheit bezichtigen kann, geradezu vom neuen Leibe her bestimmt wird. Das aber wird in der Auferstehung grundgelegt, und daher das Wort des gleichen Paulus: »Wenn Christus nicht auferstanden ist, ist unser Glaube eitel.« (1 Kor 15,14)

Von hier aus wird auch erst klar, was Sakrament heißt. Haben wir nicht schon gegen die Eucharistie einen inneren Einwand empfunden? Haben wir nicht schon mit den Protestierenden in Kapharnaum gefühlt, die fragten: »Wie kann uns dieser sein Fleisch zu essen geben?« (Joh 6,52) Was soll das: »der Leib, das Blut Christi«? Warum nicht »die Wahrheit« und die »Liebe« Christi? Warum es nicht bei der ersten Hälfte der Verheißungsrede im sechsten Johanneskapitel bewenden lassen? Wozu die Greifbarkeiten, um nicht zu sagen, Stofflichkeiten des zweiten Teiles? Gedächtnis des Herrn – wohl; aber warum durch Essen seines Leibes und Trinken seines Blutes? Warum nicht durch ein Gedenken in der Würde und Reinheit des Geistes? Weil das Fleisch und Blut des Herrn, weil sein auferstandener Leib, weil seine verklärte Menschlichkeit die Erlösung ist! Weil in der Eucharistie sich immer neu die Teilnahme an dieser verklärten, gottmenschlichen Wirklichkeit vollzieht. Weil das Essen seines Leibes und das Trinken seines Blutes das »pharmakon athanasias«, das Heilmittel der Unsterblichkeit ist, wie die grie-

[65]

chischen Väter sagen – der Unsterblichkeit nicht eines »geistigen«, sondern des menschlichen, des in die Fülle Gottes aufge-
nommenen leib-seelischen Lebens.

Der Herr, 1938, S. 558–560

Engel

HÜTER DES SELBST

Der Mensch ist ein seltsames Wesen; um so schwerer zu verstehen, je länger man sich um ihn bemüht, je länger man selbst Mensch ist. In ihm sind hohe Eigenschaften und große Kräfte, aber auch wieviel Armseliges, Scheinhaftes und Böses. Sein Tun hat unauslöschbaren Sinn, seine Entscheidung bestimmt ewiges Schicksal; zugleich ist er aber gebrechlich und schwankend zum Verzagen. Alle Elemente seines Wesens wie seines Tuns gehen ineinander; jeder Schritt des Geschehens, das ihn trifft, bildet am Ganzen seines Lebensganges mit, was alles heißt, daß er Gestalt intensivster Art ist; in allem aber wirkt eine tiefe Verwirrung. Er hat das Vorrecht, »Ich« sprechen zu können: weiß er aber, wer er ist? Steht er nicht beständig in Gefahr, sich mißzuverstehen? Er ist frei, Herr seiner selbst: hat er sich aber in der Hand? Wird er sich nicht beständig weggeholt, durch Dinge, die ihn begehrlich machen; durch Verwicklungen, die ihn verstricken; durch Geschehnisse, die ihn erschrecken? Und droht ihm nicht stets die Urgefahr, welcher der erste Mensch erlegen ist, statt Gottes Ebenbild »sein zu wollen wie Gott«, Herr der Welt?

Und ist der Mensch, der in tausenderlei Beziehungen und Gemeinschaften lebt, immerfort redend, hörend, gebend, nehmend, ergreifend und ergriffen, gebrauchend und gebraucht – ist er nicht im Grunde allein, bis in die Einsamkeit des Sterbens? –

Hier sagt uns Jesu Wort, daß Gott dem Menschen einen Gefährten mitgibt, der sein Eigenes und Eigentliches schützt: sein Wesen, das im Verhältnis zu Gott beruht; sein Ich, das nur Bestand hat in der Antwort auf Gottes währenden Anruf; seine Wahrheit, die nichts anderes bedeutet, als zu sein, wie Gott ihn will. Das ist sein Engel. Er weiß besser um uns, als wir selbst. Er weiß um unser Gott-Ebenbild – der Engel jedes Menschen um dessen besonderes Ebenbild, geschaffen durch den Anruf, mit welchem Gott ihn und ihn allein in sein Dasein gestellt hat. Um das, was sich im »neuen Namen« offenbaren soll, welchen Gott in der ewigen Begegnung dem als treu Befundenen gibt, und den niemand weiß als Gott »und der ihn empfängt« (Apk 2,17). Der Engel aber, so denken wir, weiß ihn, denn er ist ja für »seinen« Menschen nicht einfachhin »ein Anderer«, sondern der Hüter von dessen Selbst. Ebenso wie der Engel all die Verwirrungen und Verstörungen sieht, die seinen Mensch-Freund von innen her bedrohen; sie in Unbestechlichkeit beurteilt, aber mit ihm zusammen dagegen steht, als wäre es für sich selbst. [...]

Dieses, des Menschen eigenstes Wesen, schützt der Engel in den Verhüllungen, Wirrnissen, Gewaltsamkeiten des Lebens. Denn Gott hat ihn durch seinen Auftrag ins Einvernehmen der Vorsehung gezogen, und er dient ihrer Verwirklichung – der Vorsehung über diesem bestimmten Menschen, wie auch über dem Ganzen der Welt, sofern es sich in diesem Einen entscheidet und verwirklicht.

Er schützt es nicht nur gegen die Gefahr, die von außen, sondern auch gegen jene, die aus dem Menschen selbst kommt:

seine Unbotmäßigkeit, seine Unredlichkeit, seine Trägheit, sein Unmaß. Er tut es in der Stimme des Gewissens, in den Warnungen des Herzens, im Wort der Freunde, in den Folgen des Tuns, im Sinn der Geschehnisse – in alledem spricht seine Stimme mit. [...]

Freilich: weil es sich um Wesen und Person handelt, kann diese Hilfe sich nur in Freiheit verwirklichen. Der Mensch wird in sein Eigentliches – daß er sei, als was der Gottesgedanke ihn begründet, und ebendarin er-selbst sei – nicht hineingehoben. Der Engel kann nichts tun, als in tiefer Sorge seines Freundes Freiheit anrufen; in reiner Treue bei ihm ausharren.

Der Mensch aber kann den Ruf auch überhören, ihn mißachten, ihm widerstreben, und so alle Hilfe vergeblich machen. Dann muß der Engel – wohl in einem Schmerz, der über unser Begreifen geht – im Gericht auf die Seite des Urteils treten. Denn hier geht es nicht um Märchen, sondern um Wahrheit. [...]

Hier wäre eine Möglichkeit der Freundschaft, wie sie sonst nirgendwo ist ... Wenn nur nicht ein so schweres Hindernis wider sie stünde, daß wir des Gedankens an unseren Engel so ganz entwöhnt sind! Daß er uns so sehr ins Ästhetische oder gar ins Kindische entglitten ist!

Hier wäre etwas zu entdecken, das wir verloren haben. Wir müßten uns zu etwas durchgraben, das verschüttet ist. Ob es sich nicht lohnen würde? Besonders wenn wir bedenken, daß es ja doch keine einseitige Bemühung wäre, denn der Engel ist ja doch da, still, gegenwärtig, unbeirrbar uns zugewendet. So würde er also doch helfen, mit leiser, liebender Kraft, die Fremde zu durchdringen ...

Ob dadurch nicht die Stunden der Einsamkeit einen neuen Sinn gewinnen könnten? Das Dunkel der Schwermut? Die Wand des Nicht-Verstandenseins? Alles ganz ruhig, ohne Phantastereien und Überspanntheiten, einzig vertrauend auf

Jesu Wort – und, durch dieses Wort erhellt, auf die tiefe Ahnung des Menschengeschlechts, daß wir mit unserem Selbst,
dem zerbrechlichen und fragwürdigen, das aber doch eben das
unsere, für jeden von uns eine und einzige ist, nicht allein im
Dasein stehen, wie es mit unseren menschlichen Beziehungen
auch immer bestellt sein möge ...

Der Engel des Menschen, 1956, S. 59–69

LEBEN IN WAHRHEIT UND MASS

Die Lehre der Offenbarung scheint auf den ersten Blick etwas
Märchenmäßiges oder Kindliches zu haben, oder welchen Namen man der Befremdung geben mag, die man vor ihr empfindet – bis man sich mit ihr einläßt. Dann sieht man, wie wirk-
lichkeitsgemäß, wie wahr sie ist. Von einer Wahrheit, die nicht
aus Entdeckungen kommt, die heute gemacht werden und
morgen überholt sind, noch aus Theorien, die immer nur Teile
und Blickflächen, nie das Ganze erreichen; einer Wahrheit
vielmehr, die aus dem ewigen Ursprung kommt und die ganze
Wirklichkeit erfaßt.

Die Wissenschaft ist eine hohe Aufgabe, doch darf man aus ihr
nicht mehr machen, als sie ist. Darf sich durch sie nicht ein-
schüchtern lassen, wo ihr kein Recht zusteht. Die letzten Fragen werden von ihr nicht beantwortet; auf die kommt die Antwort von Gott.

Eine solche Lehre, wie die von den Engeln, ist Offenbarung.
Von ihr könnte man in manchen Kreisen nicht reden; alles
würde lächeln. Dennoch sagt sie uns über den Menschen etwas, das keine Wissenschaft noch Philosophie zu sagen ver-
möchte: Daß er nicht auf eigene Faust im Dasein steht. Er existiert nicht aus den Tiefen der Natur, nicht aus dem Prozeß der

Geschichte und des Geistes, nicht aus dem Gefüge von Wirtschaft und Gesellschaft heraus, sondern ist Person, hat Würde und Verantwortung. Doch ist er immer in Gefahr, diese zu vergessen oder zu übersteigern; seine Person an irgendwelche Mächte zu verlieren, die ihm dafür Wohlfahrt und Macht verheißen, oder sich selbst zum Herrn über das Schicksal zu machen. In dieser Gefahr ist er von Wesen umgeben, die ihm helfen, Ich zu sein, Verantwortung zu tragen, und das in Wahrheit und Maß. Aber auch von Wesen, die ihn aus dem Willen Gottes reißen wollen, in dessen Erfüllung er überhaupt erst wirklich Mensch wird.

Von hier aus versteht man das Wesen der Person tiefer, als aus allen bloß psychologischen oder philosophischen Erwägungen.

Die Engel, Würzburg 1960, S. 90–92

Mensch im Anruf

SCHUTZ DER UNBEWUSSTHEIT

Ich erinnere mich, wie ich einmal die Treppe hinunterging. Und plötzlich, in dem Bruchteil eines Augenblicks, als der Fuß sich von der Stufe hob, und für das Betreten der nächsten einstellte, wurde mir bewußt, daß ich das tat. Sofort merkte ich, wie die selbstverständliche Sicherheit im Spiel der Muskeln aussetzte. Ich fühlte das Gehen in Frage gestellt. Das war eine Kleinigkeit ohne Bedeutung, und dennoch sagt sie, worum es sich hier handelt. Das Leben braucht den Schutz der Unbewußtheit. So sagt es bereits das allgemeine psychologische Gesetz, wonach wir nicht einen seelischen Akt vollziehen und zugleich um ihn wissen können. Wir können immer nur auf ihn zurückschauen, sobald er geschehen ist. Versuchen wir aber, während des Verlaufs seiner bewußt zu werden, dann können wir es nur so, daß wir ihn beständig unterbrechen, zwischen Tun und Wissen um dies Tun hin und her zucken. Und es ist klar, wie sehr das Tun darunter leiden muß. Die ganze Haltung unseres Seelenlebens scheint mir von hier aus charakterisiert zu sein. Unser Tun wird fortwährend unterbrochen durch Reflexion über dies Tun. Dadurch kommt in all unser Leben jener eigentümliche Charakter des Unterbrochenen, Gebrochenen. Es fehlt die ihrer selbst sichere große Linie; die aus sich selbst hervorgehende, zuversichtliche Bewegung. Aber gehen wir noch tiefer. Die Pflanze kann nur wachsen, wenn ihre Wurzeln im Dunkeln sitzen. Nur aus dem Dunkeln heraus kann sie ins Helle wachsen. Das ist die Sinnrichtung des Lebens. Es stirbt, sobald die Wurzel beleuchtet wird. Alles Leben muß in einem Unbewußten gründen, und von dort her ins Bewußt-Helle hinaufsteigen. Ich sehe aber die Bewußtheit immer tiefer an die Wurzel unseres Lebens gehen. Ein Zusammenhang nach dem anderen wird durchschaut; ein Geschehen nach dem anderen in Gesetz gefaßt; der Blick geht immer näher in die Anfangsbereiche des Lebens heran, an die Ursprünge. Die Wurzel des Lebens selbst, das Innerste wird belichtet ... Hält das Leben dies aus? Kann es derart bewußt werden, und lebendig bleiben zugleich?

Briefe vom Comer See, 1927, S. 32–33

GRENZE IST BESTIMMUNG

Wiederum ist der Seele ein Größer-Werden zugemutet. Sie muß eine neue Dimension erobern. Eine neue Transzendenzvorstellung. Die aber liegt, glaube ich, in der Erfahrung der Grenze.

Auf Grenzen stoßen wir überall. Alle Dinge, alle Gestalten, alle Vorgänge und Beziehungen, alle Ordnungen haben Maß; ein bestimmtes Maß. Das heißt aber, sie sind begrenzt. Doch so ist es zu äußerlich ausgedrückt. So hieße es bloß, daß sie nur »bis hierhin« gehen, und dann aufhören. »Grenze« sitzt viel tiefer; sitzt »innen«. Alle Bestimmungen, alles, was man von den Dingen sagen kann, kann man nur so sagen, daß man sie eben damit unterscheidet von dem, was sie nicht sind. Wenn eine

Frucht diese runde Gestalt hat, dann fasse ich sie in der Weise auf, daß ich wohl diese positive Gestaltbestimmung auffasse, aber so, daß ich ebendamit sie von anderen Gestalten unterscheide, durch Grenzsetzung. Meine lebendige Gestalt ist mein Umriß, meine Kontur; diese Kontur bedeutet aber auch zugleich die Weise, wie mein kompaktes Sein in den umgebenden Raum hin aufhört. Die Weise, wie ich bin, ist immer zugleich die Weise, wie ich aufhöre, zu sein. Bestimmung ist Grenze, und Grenze ist Bestimmung ...Wenn die Frucht rot ist, und so und so schwer, und diesen Duft und diesen Geschmack hat, dann ist ebendarin das erfaßt, was sie ist; aber in der Abgrenzung gegen das, was anders und was sie nicht ist. Die Weise, wie sie ist, ist zugleich das Nein von ihr gegen das andere, und das Nein vom Anderen gegen sie: Grenze. Mein lebendiges Wesen ist das mir Charakteristische; dieses Charakteristische bedeutet aber zugleich den Inbegriff der Unterscheidungen, mit denen ich mich gegen die Anderen absetze. Ueberall wo endliches Sein ist, ist Grenze. Ueberall wo bestimmte Größe, bestimmte Art und Eigenschaft ist, ist Grenze. Überall also, an jeder Stelle, durchaus an jedem Splitter und Strichlein des Seienden, ist Grenze ... An dieser Grenze nun entlang läuft jenes »Draußen«, jene Transzendenz, die wir Heutige vollziehen können. Das, was für das unmittelbare Empfinden früher der Raum um die geschaffene Welt herum war, ist heute die andere Seite der Grenze. Dieser Grenze aber begegnen wir überall; an jedem Punkt unseres Seins und Denkens. Alles, was ist und also ein Bestimmtes ist, ist mit Grenze gesättigt, grenzhaft durchaus. Und immer an der »anderen Seite« dieser Grenze – »andere« Seite nicht gemeint als die »Umgebung« der Frucht ihr selbst gegenüber, sondern schlechthin – auf dieser anderen Seite liegt die lebendig erfahrbare Transzendenz: Der Ort Gottes.

Was heißt das, lebendig gesehen? Es bedeutet eine bestimmte Haltung, wie ich begrenzte Wirklichkeit bin, sie erfahre, erlebe, denke. Ich nehme die Tatsachen an und bewältige sie. Aber nicht so, daß ich die Welt, das was ich bin, in unwahrer Weise verkleinere, sondern so, daß eben die Begrenztheit Träger von ewiger Bedeutung wird: Die Grenze wird Ort Gottes. Es ist eine Demut und eine Frömmigkeit, die aus der Sachwirklichkeit selbst herauswächst. Ich erfahre die Bestimmtheit meines Seins: Dieses und Dieser bin ich. Wenn ich ehrlich bin – aber bloße Ehrlichkeit genügt nicht; wenn diese Ehrlichkeit fromm wird, so wird sie zugleich Demut, und bedeutet dann, daß ich meine Bestimmtheit erkenne, als mit »Nein« verbundenes »Ja«, als mit »Nicht« verbundenes »So«. Dann erkenne ich, daß all mein Sein, als Wesen Gestalt und Sinn, positiv bestimmt ist durch das, was ein Negatives bedeutet, durch Grenze. Nehme ich dieses Begrenztsein innerlich und in Frömmigkeit an, dann erfahre ich auch die eigentümliche Bedeutung der Grenze: Ihre Ausdruckskraft; ihre Fähigkeit, das, was auf der einen Seite liegt, hinüberzusprechen auf die andere – die schlechthin andere. Sobald ich aufrichtig und fromm zulasse, daß ich begrenzt bin, werden alle Grenzen sprechend. Dann reden die Grenzen mir, der diesseits steht, von dem Andern jenseits ihrer. Das aber ist in letzter Instanz nicht ein Etwas, sondern ein Jemand: Der große Andere, Gott.

In Spiegel und Gleichnis, 1932, S. 280–282

KRAFT DES ANFANGS

Gott hat mich geschaffen, und er hat seine Arbeit ganz getan. Er hat mich nicht nur zu einem auf der Wand erscheinenden Bilde gemacht, sondern zu einem wirklichen Etwas. Ich hänge nicht an Anderem, sondern stehe in mir selbst. Ich bin nicht nur eine Sache, sondern ein Jemand.

Mein Sein steht zwar erst im Anfang; ich bin noch nicht abgeschlossen, sondern soll werden. Dieser Beginn aber ist Wirklichkeit. Wenn ein Mensch ein Kunstwerk schafft – ist das dann wirklich »geschaffen«? Rundherum geschaffen und frei gemacht, daß es in sich selbst stehen könne? Nein, es kann immer nur in Aug' und Geiste dessen aufleuchten, der es sieht. Für sich stehen, aus sich selbst heraus in die Wirklichkeit wirken kann es nicht. Gott aber hat sein Geschöpf in die Freiheit des Seins und Wirken-Könnens entlassen. Ich bin ich selbst, habe mich selbst und lebe.

So groß ist Gottes Macht und, fast möchte man hinzufügen, sein Mut, daß er das getan hat. Denn er hat dabei etwas gewagt. Was heißt denn beim Menschen »wirklich geschaffen sein«? Daß er frei sei! Freiheit aber bedeutet, was das Wort meint und immer gemeint hat: Daß ich Herr über meine Willensbewegung bin. Daß es über den Anfang meiner Selbstentschließung nicht mehr zurückgeht. Im Letzten gibt es kein weiteres Warum für meinen Entschluß; mein Entschluß ist sich selbst das Warum. In mir ist die Kraft des Anfangs.

Was hat aber Gott erwartet, als er den Menschen schuf? Daß dieser sich in Freiheit aus sich selbst erhebe und zu Ihm, dem Heiligen, zurückkehre. Daß er, dem Gott Sein und Sinn geschenkt hat, und darin etwas von Sich selbst, alles das in Freiheit, erkennend, liebend und schaffend Gott wiederbringe.

Wir müssen es noch tiefer sagen. Gott hat den Menschen aus Liebe geschaffen; er hat ihn aber auch geschaffen zu einem Dasein der Liebe, so, daß er nicht von vornherein in sich fertig und abgeschlossen ist, sondern erst in der Liebesbewegung auf Gott hin er selber wird. Durch die Liebe Gottes ist der Mensch ins Sein getreten: Nur wiederum Gott liebend kann er im Werden voranschreiten und Vollendung gewinnen. Der

Mensch ist nicht einfachhin, sondern er bewegt sich auf sein eigentliches Sein zu, indem er Gott liebt.

Aber frei. So besteht die furchtbare Möglichkeit, daß er die Anfangskraft benutze, um von Gott wegzugehen. Das bedeutet die Enttäuschung Gottes. Gottes Liebeserwartung wird nicht erfüllt. Er wird »beleidigt«, sagt die Sprache der Frömmigkeit. Und es bedeutet, daß der Mensch sich von seiner eigenen Verwirklichung wegwendet, in den Tod, in den Schein gleitet.

Wille und Wahrheit, 1933, S. 70-71

KRANKWERDEN UND HEILSEIN

Wenn ich recht sehe, hat der antike Mensch den echten Begriff der Person noch nicht gehabt – ja er scheint sich außerhalb des Offenbarungsbereiches überhaupt nicht zu finden. Die neuzeitliche Geistesentwicklung aber neigt dazu, den Begriff der Person aufzulösen, bzw. ihn mit dem der Gestalt, oder der Individualität, oder der Persönlichkeit gleichzusetzen – oder aber die Endlichkeit der Person zu überschwingen und von ihr in einer Weise zu reden, die nur vor der absoluten Person zulässig ist.

Damit taucht aber aufs neue die Frage auf, ob die Person nicht doch gefährdet werden könne. Das kann sie denn auch tatsächlich, aber nur von dort her, wo die Wesensgewähr der Person liegt ... Schicken wir eine andere Frage voraus: Kann der Geist erkranken? Sicher nicht an dem, was die Umgangssprache unter »Geisteskrankheit« versteht. Dabei handelt es sich in der Wahrheit um Störungen der Gehirnfunktionen, des Trieblebens, des Vorstellungsablaufes, der Wirklichkeitserfahrung usw. Solche Störungen treffen nicht den Geist als solchen, sondern nur seine organischen und psychischen Grundlagen. Sie hemmen seine Akte; werden ihm aber auch zur Probe, durch deren Bewältigung er wächst. Doch existiert der Geist nicht einfachhin, unabhängig von seinen Inhalten. Er kann sein Leben nicht beliebig führen, ohne daß es auf sein Sein selbst zurückwirkte. Das Leben des Geistes ist – und darin charakterisiert sich sein Wesen – nicht nur vom Seienden, sondern auch und endgültigerweise vom Gültigen her gewährleistet: durch die Wahrheit, durch das Gute. Wenn er davon abgleitet, wird er als Geist in Frage gestellt. Die Einfachheit und Unzerstörbarkeit, durch deren Begriff man das Wesen des Geistes zu bestimmen pflegt, entzieht ihn wohl solchen Schädigungen, wie sie den zusammengesetzten Körper treffen können, nicht aber den Folgen der Stellungnahme zum Wert. Wenn er von der Wahrheit abfällt, wird er krank. Dieser Abfall ist nicht schon gegeben, wenn der Mensch irrt, sondern wenn er die Wahrheit aufgibt; nicht schon, wenn er lügt, sogar häufig lügt, sondern wenn er die Wahrheit als solche nicht mehr für verpflichtend nimmt; nicht, wenn er den anderen täuscht, sondern wenn er sein Leben darauf richtet, die Wahrheit zu zerstören. Dann erkrankt er im Geiste. Das braucht wohl nicht notwendig auch psycho-pathologische Wirkungen zu haben; ein solcher Mensch könnte sogar sehr kräftig und erfolgreich sein. Trotzdem wäre er krank, und ein nicht nur psychisch, sondern auch geistig sehfähiger Beobachter würde es wahrnehmen. Der Sachverhalt könnte sich aber auch ins Psychische fortsetzen und klinisch feststellbare Störungen bewirken. Von dieser Krankheit würde ihn dann keine bloße Psychiatrie heilen können, sondern er müßte sich bekehren. Freilich wäre die Bekehrung nicht mit einem einfachen Willensakt zu vollziehen. Sie müßte in einer wirklichen Sinnesumkehr bestehen und wäre schwerer als jede therapeutische Behandlung.

Von solchen Überlegungen aus scheint es auch möglich, daß die Person als solche gefährdet werde – dann nämlich, wenn der Mensch sich von jenen Wirklichkeiten und Normen löst, welche die Person gewährleisten: der Gerechtigkeit und der Liebe. Die Person erkrankt, wenn sie von der Gerechtigkeit abfällt. Nicht schon, wenn sie Ungerechtigkeit begeht, selbst häufig begeht, sondern wenn sie die Gerechtigkeit aufgibt. Diese bedeutet die Anerkenntnis, daß die Dinge ihre Wesenheit haben, und die Bereitschaft, das Recht des Wesens und die daraus entspringenden Ordnungen zu wahren. Als Person ist der Mensch in Eigenständigkeit des Seins und Anfangsmächtigkeit des Handelns freigegeben, ohne daß er Gott wäre; die Bedingung für die Sinnhaftigkeit dieser Seinsweise ist, daß er sich in die Ordnung, welche durch die Wahrheit begründet wird, das heißt eben in die Gerechtigkeit, stelle, ja daß er die Gerechtigkeit zu seiner eigentlichen Aufgabe mache. Die endliche Person ist nur auf die Gerechtigkeit hin sinnvoll; fällt sie von dieser ab, dann wird sie gefährdet und gefährlich: zu einer Macht ohne Ordnung. Eben dadurch wird sie auch als Person krank. Sie steht nicht mehr richtig in sich selbst ... Ebenso entscheidend für das Heilsein der Person ist die Liebe. Lieben bedeutet, die Wertgestalt im fremden – vor allem im personalen – Seienden zu erblicken; deren Gültigkeit zu spüren; zu fühlen, es sei wichtig, daß sie bestehe und sich entfalte; von der Sorge um diese Verwirklichung als wie um Eigenes erfaßt zu werden. Wer liebt, geht immerfort in die Freiheit hinüber; in die Freiheit von seiner eigentlichen Fessel, nämlich seiner selbst. Ebendarin aber, daß er sich selbst aus Blick und Gefühl hinaustut, erfüllt er sich. Es wird offen um ihn, und sein Eigenstes erhält Raum. Jeder, der um die Liebe weiß, weiß um dieses Gesetz: daß erst im Weggehen von sich selbst die Offenheit entsteht, worin das Eigene wirklich und alles blühend wird. In diesem Raume vollzieht sich auch das echte Schaffen und die reine Tat; alles das, was bezeugt, daß die Welt des Seins würdig ist. Sobald die Person diese Liebe aufgibt, wird sie krank. Nicht schon, wenn der Mensch gegen sie fehlt, sie verletzt, in Selbstsucht und Haß fällt, wohl aber, wenn er sie zu etwas Unernstem macht und sein Leben nur auf Rechnung, Gewalt und List stellt. Dann wird aus dem Dasein ein Kerker. Alles verschließt sich. Die Dinge bedrängen. Jedes wird zuinnerst fremd und feind. Der letzte, einleuchtende Sinn verschwindet. Das Sein blüht nicht mehr.

Das Grauen, von dem wir sprachen, zeigt an, worin das Wesentliche der Person besteht: daß ich mit mir selbst einig bin, in mir stehe, mich in der Hand habe. Diese Tatsache entfaltet sich in den dargelegten Zusammenhängen: der Geschlossenheit der Gestalt, der Innerlichkeit des Lebens, dem geistbegründeten Wissen und Wollen, Handeln und Schaffen. Das alles ist noch nicht die Person; Person bedeutet vielmehr, daß in alledem der Mensch in sich selbst steht. Etwas Formales also?

Allerdings, aber nicht etwas »Nur-Formales«, denn es entscheidet. Daher die eigentümliche Unfaßbarkeit der Person. Sie entgleitet der inhaltlichen Aussage. Auf die Frage: »was ist Deine Person?« – kann ich nicht antworten: »mein Körper, meine Seele, mein Verstand, mein Wille, meine Freiheit, mein Geist«. Das alles ist noch nicht die Person, sondern gleichsam erst deren Stoff; sie selbst ist die Tatsache, daß es in der Form der Selbstgehörigkeit besteht. Andererseits aber besteht dieser »Stoff« wirklich in dieser Form und steht also ganz in ihrem Charakter. Die ganze Wirklichkeit des Menschen, nicht etwa nur Bewußtheit oder Freiheit, gehört zum Bereich der Person, wird von ihr verantwortet und mit dem Charakter der Würde bestimmt – was natürlich noch nichts darüber sagt, wie weit sie auch tatsächlich in echte personale Haltung gelangt sei.

Jenes Formale kommt im Vollzug des ganzen Lebens zur Geltung. Die Gestalthaftigkeit des personalen Menschen ist eine andere als die des Kristalls; seine Individualität eine andere als die des Tieres; seine Persönlichkeit etwas anderes, als was die geistes-wissenschaftliche Betrachtung unter dem Worte versteht – dadurch anders, daß in alledem eben »Person« realisiert wird: die Tatsache, in sich selbst stehen zu können und zu sollen. Die vorausgehenden Überlegungen haben die verschiedenen »Schichten« voneinander getrennt, um sie schärfer unterscheiden zu können; in Wahrheit liegen sie ineinander, jede jeweils in den höheren Sinnverhalt aufgenommen. Die Gestalt ist nur als lebendige, das Individuum nur als vom konkreten Geist durchwohntes da; alles zusammen aber unaufhebbar von der Tatsache charakterisiert, daß es in der Eigenständigkeit und Anfangshaftigkeit der Personalität steht. Die menschliche Daseinsfülle und -form ist nur so weit verwirklicht, als die Personalität zur Geltung kommt.

Welt und Person, 1939, S. 28–32

AKT, DURCH DEN ICH MICH SELBST ANNEHME

Es gibt die Auflehnung dagegen, man selber sein zu müssen: warum soll ich es denn? Habe ich denn verlangt, zu sein? ... Es gibt das Gefühl, es lohne nicht mehr, man selbst zu sein: was habe ich denn davon? Ich bin mir langweilig. Ich bin mir zuwider. Ich halte es mit mir selbst nicht mehr aus ...
Es gibt das Gefühl, mit sich selbst betrogen; in sich eingesperrt zu sein: nur so viel bin ich, und möchte doch mehr. Nur diese Begabung habe ich, und möchte doch größere, leuchtendere. Immer muß ich das gleiche. Immer stoße ich an die nämlichen Grenzen. Immer begehe ich dieselben Fehler, erfahre dasselbe Versagen ...
Aus alledem kann eine unendliche Monotonie kommen; ein furchtbarer Überdruß. Ganze Zeiten waren dadurch charakte-

risiert; und zwar solche von sehr hoher Kultur. Denken wir etwa an das französische 18. Jahrhundert, in welchem die Langeweile eine uns kaum noch verständliche Rolle spielte – so sehr, daß manche, umgeben von einer wunderbaren Verfeinerung der Form, des Verkehrs, der Kunst, des Lebensgenusses, wie Pascal gesagt hat, »vor Überdruß vertrockneten«.

So wird der Akt des Selbstseins in seiner Wurzel zu einer Askese: ich muß auf den Wunsch verzichten, anders zu sein als ich bin; gar ein anderer, als der, der ich bin. Wie drängend dieser Wunsch werden kann, mögen wir aus den Mythen und Märchen ersehen, die bei allen Völkern wiederkehren, und in denen ein Mensch in ein anderes Wesen verwandelt wird: auf die Höhe zu in ein Gestirn; nach der Tiefe hin in ein Tier, oder in ein Ungeheuer, oder in einen Stein ... Ich muß darauf verzichten, Begabungen zu haben, die mir versagt sind; meine Grenzen erkennen und sie einhalten. Das bedeutet nicht den Verzicht auf das Streben, aufzusteigen. Das darf ich und soll es; aber auf der Linie des mir Zugewiesenen ... Ich darf aber auch nicht dem Ressentiment verfallen; jener Haltung, die verrät, daß ich doch nicht wirklich angenommen, wirklich verzichtet habe, und darin besteht, das mir Versagte schlecht zu machen.

An der Wurzel von allem liegt der Akt, durch den ich mich selbst annehme. Ich soll damit einverstanden sein, der zu sein, der ich bin. Einverstanden, die Eigenschaften zu haben, die ich habe. Einverstanden, in den Grenzen zu stehen, die mir gezogen sind ...

Ich kann nicht erklären, wie ich ich-selbst bin; ich kann nicht verstehen, warum ich so oder so sein muß; ich kann meine Existenz nicht in irgendeine naturhafte oder geschichtliche Gesetzmäßigkeit auflösen, denn sie ist keine Notwendigkeit, sondern eine Tatsache. Zugleich aber die für mich entscheidende, die Tatsache einfachhin. Sie ist, wie sie ist, und könnte auch anders sein. Sie ist, und könnte auch nicht sein. Und doch bestimmt sie vom Innersten her mein ganzes Dasein.

Das alles heißt: ich kann mich selbst nicht erklären, noch mich beweisen, sondern muß mich annehmen. Und die Klarheit und Tapferkeit dieser Annahme bildet die Grundlage alles Existierens.

Diese Forderung kann ich auf bloß ethischem Wege nicht erfüllen. Ich kann es nur von etwas Höherem her – und damit sind wir beim Glauben.

Glauben heißt hier, daß ich meine Endlichkeit aus der höchsten Instanz, aus dem Willen Gottes heraus verstehe.

Gott ist wirklich und notwendig. Er ist in sich begründet, sinnvoll und bedarf keiner Erklärung. Die Erklärung für Gott ist er selbst. Er ist so, weil er so ist. Und er ist überhaupt, weil er Gott ist. Er ist der absolut Selbst-Verständliche – wobei wir freilich hinzunehmen müssen, daß jenes »Selbst«, von dessen Verstehen hier gesprochen wird, das seine ist.

Dieser Gott ist der Herr; und er ist es von Wesen. Das bedeutet nicht nur, daß er Herr über die Welt, sondern auch und zuerst Herr über sich selbst ist. Er ruht in seinem eigenen Herrentum.

Dieser Gott ist es, der mich geschaffen hat. Bleiben wir in unsrer Rede: er ist der, der mich mir gegeben hat. Damit ist das Fragen am Ende. Darüber hinaus zu fragen, etwa: warum hat er mich mir gegeben, und als diesen gegeben, und heute und hier? – hat keinen Sinn, denn es würde nur zeigen, daß ich nicht gewürdigt habe, was das heißt: »Gott«. Zu antworten: er hat mich geschaffen, weil es so im Ganzen der Welt richtig ist; oder weil ich darin das und das leisten soll; oder weil es sinnvoll ist, daß personale Existenz sei, besagt nicht mehr, sondern weniger, als zu antworten: weil er es gewollt hat ...

Hier ist wohl auch der Ort, etwas über jenes Moment zu sagen, von dem heute so viel, ernst und unernst, gesprochen wird, nämlich der Angst. Wir meinen nicht jene, zu der nur allzu begründeter Anlaß besteht, nämlich das Gefühl einer Bedrohung durch die politische Situation, oder durch die kulturelle und soziale Entwicklung selbst. Vielmehr die Angst, welche keinen bestimmten Anlaß hat, sondern aus dem immer gegebenen Zustand des Daseins hervorgeht. Die Philosophie der letzten Jahrzehnte sieht in ihr das Selbsterlebnis des endlichen Seins als solchen, das sich durch das Nichts bedrängt fühlt. Sie sei vom Seinsbewußtsein unablösbar, ja mit ihm identisch; Sein heiße In-Angst-sein.

Es ist Zeit, daß hier widersprochen wird. Das Endlich-Seiende muß durchaus nicht in Angst, es könnte auch in Mut und Zuversicht existieren. Daß unsere Existenz den Charakter der Angst hat, bildet nicht das Erste, sondern das Zweite; denn die Endlichkeit, die sich hier ängstet, ist an ihrer Angst selber schuld. Sie ist die empörte Endlichkeit, die eben durch ihre Empörung in die Preisgegebenheit geraten ist. Die erste Endlichkeit, der Mensch in seinem Anfang, wußte sich geschaffen und ins Eigensein freigegeben durch Gott, welcher der Wahrhaftige und Gütige ist. Er wußte seine Freiheit im Willen Gottes begründet; daraus kam ihm Recht und Macht, ins eigene Dasein vorzugehen. Diese Endlichkeit wurde als Glück, als aller Erfüllung fähige Möglichkeit erlebt. In ihr war nicht Angst, sondern Mut und Vertrauen und Freude. Ihr Ausdruck war das Paradies.

Die Angst kam erst, als der Mensch sich dagegen empörte, endlich zu sein; nicht mehr Ebenbild, sondern Urbild, das heißt unendlich-absolut zu sein beanspruchte. Dabei blieb er zwar endlich, verlor aber den Zusammenhang mit seinem Ursprung. Nun verkehrte die Zuversicht sich in Hybris, und der Mut in Furcht. Die Endlichkeit, die vorher als Kostbarkeit erlebt wurde, kam nun als Fragwürdigkeit zu Bewußtsein; die unabmeßbare Weite des Möglichen wurde zur Ortlosigkeit. Bis schließlich die Gottesleugnung der Gegenwart um die eigene Endlichkeit herum die bedrohende Leere schuf, das bis zum Überdruß besprochene Nichts, das Gespenst des geleugneten Gottes. Der in diesem Verhältnis steht, hat allerdings Anlaß zur Angst; aber nicht deswegen, weil sie zum Wesen der Endlichkeit gehörte, sondern weil er, das Erbe der Urschuld vollstreckend, sich zu dem sinnlosen Dasein der bloßen Endlichkeit entschieden hat ...

Und weiter: wenn ich mir selbst gegeben bin, dann ist mir ebendarin auch meine Lebenschance gegeben; und wenn der, der mich mir gegeben hat, der Weise und Gütige ist, ja sogar, wie Christus sagt, mein Vater – dann will er doch, nach des gleichen Christus Wort, daß »ich lebe, und in Fülle lebe«. Diese Lebenserfüllung kann aber nur die meine sein; nicht die eines anderen. So führt der Weg zu allem Guten aus meinem Wesensansatz heraus – und die Tapferkeit der Selbstannahme bedeutet zugleich das Vertrauen auf diesen Weg.

Ich-Sein heißt geradezu einen Weg haben, jenen, der aus dem Ich der Anfänglichkeit in das der Vollendung führt. Der kann weit umführen, durch Bedrängnisse und Dunkelheiten. Er kann scheinbar verwehen und verschüttet werden. Immer ist er aber da, sogar wenn er durch den Untergang führt. Man sagt dergleichen nicht gern. Es klingt pathetisch; und außerdem wendet das Gewissen ein, ob der Redende denn selbst damit ernst mache. Aber schließlich muß er die Wahrheit doch sagen, auch wenn er selbst davor nicht bestehen kann. Der Tod ist nicht, was all das makabre Gerede in Philosophie und Dichtung und Kunst verkündet; der Weg geht durch ihn hindurch ...

Die Annahme seiner selbst, 1953, S. 97–100

Zweck und Sinn, Tun und Sein

ZWECKLOS, ABER SINNVOLL

Zweck im eigentlichen Sinne nennen wir jenes ordnende Etwas, das Dinge oder Handlungen anderen unterstellt, so daß
eins auf das andere hinzielt, eins um des andern willen da ist.
Das Untergeordnete, das Mittel, hat nur insoweit Bedeutung,
als es geeignet ist, dem übergeordneten, dem Zweck, zu die-
nen. Der Handelnde weilt seelisch nicht in ihm; es ist ihm nur
Durchgang zum andern, nur Weg; in jenem erst ist Ziel und
Ruhe. Unter diesem Gesichtswinkel hat jedes Mittel sich darüber auszuweisen, ob und inwiefern es geeignet sei, den Zweck
hervorzubringen. Solche Prüfung wird von dem Bestreben ge-
leitet, alles auszuschalten, was nicht zur Sache gehört, neben-
sächlich, überflüssig ist. Es herrscht der wirtschaftliche
Grundsatz, mit dem geringsten Aufwand an Kraft, Zeit und
Sachen möglichst vollkommen den Zweck zu erreichen. Eine
gewisse Unrast, rücksichtslose Anspannung und knappe
Sachlichkeit kennzeichnen den entsprechenden Seelenzu-
stand.

Diese Geistesart ist recht und für die Gesamtheit des Lebens notwendig. Sie gibt ihm Ernst und feste Richtung. Sie wird auch der Wirklichkeit insofern gerecht, als tatsächlich alles irgendwie unter den Gesichtspunkt des Zweckes fällt. [...] Aber keine Erscheinung fällt ganz unter diesen Begriff, und von vielen wiederum nur ein kleines Stück. Genauer gesagt: Das, was den Dingen, den Vorgängen ihr Recht auf Dasein gibt und die Rechtfertigung für ihre Eigenart, ist für manche nicht allein, für andere nicht einmal in erster Linie ihre Zweckhaftigkeit. Haben Blätter und Blüten einen Zweck? Gewiß; sie sind Lebenswerkzeuge der Pflanze; aber des Zweckes wegen müssen sie nicht diese oder jene Gestalt oder Farbe oder diesen bestimmten Duft haben: Wozu überhaupt die Vergeudung von Formen, Farben, Düften in der Natur? Wozu die Mannigfaltigkeit der Arten? Es ginge auch einfacher. [...] Um ganz gründlich zu fragen: Welchen Zweck soll es haben, daß dieses oder jenes Pflanzenwesen, dieses oder jenes Tier überhaupt vorhanden ist? Etwa den, daß sich jenes andere von ihm ernähre? Doch gewiß nicht! Legen wir nur den Maßstab der äußeren Zweckmäßigkeit an, so ist vieles in der Natur nur zum Teil, und kein Ding in der Natur ganz und durchaus zweckmäßig, besser: zweckhaft. Vieles ist, so betrachtet, zwecklos. In einem technischen Gebilde, einer Maschine oder Brücke, ist alles zweckhaft; ebenso in einem kaufmännischen Betriebe, im Beamtenwesen eines Staates – und selbst für diese Erscheinungen reicht der Begriff des Zweckes nicht aus, um die Frage voll zu beantworten, woher ihr Recht auf Dasein stamme.

Wollen wir dem ganzen Ding gerecht werden, so müssen wir den Gesichtswinkel weiter stellen. Der Begriff des Zweckes legt den Schwerpunkt eines Dinges aus ihm hinaus; faßt es als Durchgang für eine weitergehende Bewegung, nämlich die auf das Ziel hin. Jedes Ding ist aber auch – und manche sind es fast ganz – etwas in sich Ruhendes, sich selbst Zweck, soweit man den Begriff in dieser weiteren Bedeutung überhaupt anwenden kann. Besser paßt der Begriff des Sinnes. Solche Dinge haben keinen Zweck in der strengen Bedeutung des Wortes; aber sie haben einen Sinn. Und dieser Sinn wird nicht dadurch erfüllt, daß sie eine außerhalb ihrer selbst liegende Wirkung hervorbringen, zum Bestand oder zur Veränderung von etwas Fremdem beitragen, sondern ihr Sinn liegt darin, das zu sein, was sie sind. Am strengen Wortbegriff gemessen, sind sie zwecklos, aber doch sinnvoll.

Zweck und Sinn sind die beiden Formen der Tatsache, daß ein Daseiendes Grund und Recht zum eigenen Sein und Wesen hat. Unter der Rücksicht des Zweckes fügt sich ein Ding in eine Ordnung ein, die über es hinausgreift; unter der Rücksicht des Sinnes ruht es in sich selbst.

Was ist nun der Sinn des Seienden? Daß es sei und ein Abbild sei des unendlichen Gottes. Und welches ist der Sinn des Lebendigen? Daß es lebe, sein inneres Leben herausbringe und blühe als natürliche Offenbarung des lebendigen Gottes.

Das gilt für die Natur. Es gilt auch für das Leben des Geistes. Hat die Wissenschaft einen Zweck im eigentlichen Begriff des Wortes? Nein. Der Pragmatismus will ihr einen unterschieben. Er will ihren Zweck darin sehen, daß sie den Menschen fördere, ihn sittlich besser mache. Aber das heißt die unabhängige Würde der Erkenntnis verkennen. Sie hat keinen Zweck, sie hat einen Sinn, und der ruht in ihr selbst: die Wahrheit. Die gesetzgeberische Tätigkeit hat einen Zweck; sie will im Staatsleben eine genau bestimmte Wirkung hervorbringen. Die Rechtswissenschaft hingegen hat keinen; sie will nur in den Fragen des Rechts die Wahrheit erkennen. So ist alle wahre Wissenschaft. Ihrem Wesen nach ist sie Wahrheitserkenntnis, Wahrheitsdienst. Hat die Kunst einen Zweck? Auch sie nicht; man müßte denn meinen, sie sei dafür da, daß der Künstler von ihr essen und sich kleiden könne. Oder, wie die Aufklärung dachte, um anschauliche Beispiele für Verstandeseinsichten zu bieten und Tugenden zu lehren. Das Kunstwerk hat keinen Zweck, wohl aber einen Sinn, nämlich den, »ut sit«, daß es da sei, daß in ihm das Wesen der Dinge und das innere Leben der Künstler-Menschenseele wahrhaftige, lautere Gestalt gewinne. Es soll »splendor veritatis« sein, der Wahrheit Schönheitsglanz.

Wenn das Leben die straffe Ordnung der Zwecke verliert, wird es zu spielerischer Schöngeisterei. Wenn es aber in das starre Gefüge einer bloß zweckhaften Weltansicht eingezwängt wird, dann stirbt es. Beides gehört zusammen. Der Zweck ist das Ziel des Strebens, Arbeitens, Ordnens; der Sinn ist der Inhalt des Daseins, des blühenden, reifenden Lebens. Das sind die beiden Pole des Seins: Zweck und Sinn, Streben und Wachsen, Arbeiten und Hervorbringen, Ordnen und Schaffen.

Vom Geist der Liturgie, 1918, S. 90–94

LETZTE GESETZE DES DASEINS

Diese Vorherrschaft des Willens und des Willenswertes gibt der Gegenwart ihre Eigenart. Daher ihr rastloses Vorwärtsdrängen, das rasende Zeitmaß ihrer Arbeit, die Hast ihres Genießens; daher die Verehrung des Erfolges, der Kraft, der Tat; daher das Streben zur Macht; daher überhaupt der ausgeprägte Sinn für den Wert der Zeit, und der Drang, sie bis zum letzten tätig auszunützen. So kommt es auch, daß geistige Bildungen wie die alten beschaulichen Klöster, einst selbstverständliche Mächte im allgemeinen Geistesleben und Lieblinge der ganzen gläubigen Welt, oft nicht einmal bei katholischen Christen Verständnis finden und von ihren Freunden gegen den Vorwurf müßiger Zeitvergeudung verteidigt werden müssen. Und ist diese Geisteshaltung schon in Europa so ausgeprägt, dessen Kultur tief in der Vergangenheit wurzelt, so tritt sie in der Neuen Welt ganz unverhüllt und unvermischt zutage. Schärfster Tatwille beherrscht alles; das Ethos hat den vollen Vorrang vor dem Logos, die tätige Seite des Lebens vor der beschauenden. [...]

Es muß aber auch gesagt werden, daß eine einseitige, allgemeine und dauernde Vorherrschaft des Willens über die Erkenntnis, des Ethos über den Logos katholischem Geist widerspricht.

Der Protestantismus stellt in seinen verschiedenen Formen von der strengen Richtung bis zur äußersten freiforschenden Verflachung die mehr oder weniger christlich-religiöse Ausgestaltung dieses Geistes dar, und mit vollem Recht wird Kant sein Philosoph genannt. Dieser Geist hat die feste religiöse Wahrheit schrittweise aufgegeben, die Überzeugung immer mehr zur Sache des persönlichen Urteilens, Fühlens und Erlebens gemacht. Die Wahrheit glitt so aus dem Bereich des Gegenständlich-Feststehenden in den des Subjektiv-Fließenden. Damit mußte von selbst der Wille die Führung übernehmen. Da der Gläubige im Grunde keinen »wahren Glauben« mehr hatte, sondern nur ein persönlich ergreifendes Glaubenserlebnis, so war das einzig Feste nicht mehr ein bekennbarer Glaubensinhalt, sondern der Erweis des rechten Geistes durch die Tat. Von einer christlichen Seinsaussage kann hier keine Rede mehr sein. Und nachdem das Erkennen im Drüben nichts mehr zu suchen hatte, lösten die Wurzeln des Willens- und Gemütslebens sich ihrerseits aus dem Zusammenhang mit dem Erkennen. Nun stand der Glaubende mit nichts mehr in der Ewigkeit, sondern ganz in der Zeit; nur durch die Vermittlung der Gesinnung, nicht aber geradenwegs war die Ewigkeit noch mit der Zeit verknüpft. Die Religion wurde immer mehr weltzugewandt, »weltfreudig«. Sie wurde immer mehr zu einer

Weihung des diesseitigen menschlichen Daseins in seinen verschiedenen Inhalten, zu einer Heiligung irdischer Tätigkeit: der Berufsarbeit, des Gemeinschaftslebens der Familie usw.

Aber jeder, der auf diese Dinge längere Zeit geachtet hat, fühlt, wie unwichtig solche Geistesverfassung ist; wie sie den letzten Gesetzen des Daseins und der Seele widerspricht. Sie ist unwahr und darum widernatürlich in der tiefsten Bedeutung des Wortes. Hier liegt die eigentliche Quelle für die Not unserer Zeit. Sie hat die heilige Ordnung der Natur umgekehrt. Goethe hat ans Letzte gerührt, als er den zweifelnden Faust an Stelle des Satzes »Im Anfang war das Wort« schreiben ließ: »Im Anfang war die Tat.«

Indem der Schwerpunkt des Lebens aus der Erkenntnis in den Willen, aus dem Logos in das Ethos überging, wurde das Leben immer haltloser. Es wurde vom Menschen verlangt, daß er in sich selber stehe. Das kann aber nur ein Wille, der wirklich schöpferisch im unbedingten Sinn des Wortes ist, und das ist nur der göttliche. So wird dem Menschen eine Haltung zugemutet, die voraussetzt, er sei Gott. Und da er das nicht ist, kommt in sein Wesen ein seelischer Kampf, eine Gebärde machtloser Gewaltsamkeit, die manchmal tragisch, bei kleineren Geistern aber seltsam, ja lächerlich wirkt. Diese Einstellung ist schuld, daß der heutige Mensch so sehr einem Blinden gleicht, der im Dunkeln tappt; denn die Grundkraft, auf die er sein Leben gestellt hat, der Wille, ist blind. Der Wille kann wollen, handeln und schaffen, aber nicht sehen. Daraus kommt auch all die Friedlosigkeit, die nirgendwo Ruhe findet. Nichts bleibt, alles verändert sich, und das Leben ist ein beständiges Werden, ein beständiges Streben, Suchen und Wandern.

Das katholische Christentum stellt sich dieser Geistesart mit ganzer Macht entgegen. Alles verzeiht die Kirche leichter als einen Angriff gegen die Wahrheit. Sie weiß, wenn jemand fehlt, aber die Wahrheit stehen läßt, so kann er sich zurückfinden. Tastet er aber den Grundsatz an, dann ist die heilige Ordnung des Lebens selbst aus den Angeln gehoben. Die Kirche hat auch stets mit tiefem Mißtrauen jede ethizistische Auffassung der Wahrheit, des Dogmas betrachtet. Jeder Versuch, bloß aus dem Lebenswert des Dogmas seinen Wahrheitswert zu begründen, ist zuinnerst unkatholisch. Die Kirche stellt die Wahrheit, das Dogma, hin als eine unbedingte, in sich ruhende Tatsache, die keiner Begründung aus dem Gebiete des Sittlichen oder gar Nützlich-Brauchbaren bedarf. Die Wahrheit ist Wahrheit, weil sie Wahrheit ist. Es ist an und für sich für sie völlig gleichgültig, was der Wille zu ihr sagt und ob er mit ihr etwas anfangen kann. Der Wille hat die Wahrheit weder zu begründen, noch braucht sie sich vor ihm auszuweisen, sondern er hat sich ihr gegenüber als unzuständig zu bekennen. Er schafft sie nicht, er findet sie. Er hat anzuerkennen, daß er blind ist und des Lichtes, der Führung, der ordnenden, gestaltenden Macht der Wahrheit bedarf. Er muß grundsätzlich den Primat der Erkenntnis über den Willen, des Logos über das Ethos anerkennen. [...]

Vielleicht muß es so heißen: Den endgültigen Vorrang im Gesamtbereich des Lebens soll nicht das Tun haben, sondern das Sein. Nicht auf Handeln kommt es im Grunde an, sondern auf Werden. Nicht was getan wird, ist das Letzte, sondern was ist. Und nicht die moralische, sondern die metaphysische Weltanschauung, nicht das Werturteil, sondern das Seinsurteil, nicht die Anstrengung, sondern die Anbetung ist das Endgültige. [...]

In diesem Sinne also, für den Primat der Wahrheit, aber »in Liebe«, soll die Frage entschieden sein, mit der wir uns hier beschäftigen.

Sobald dies geschehen ist, ist auch die Grundlage für die seelische Gesundheit gelegt. Denn die Seele braucht einen unbedingt festen Boden, auf dem sie stehen kann. Sie braucht eine

Stütze, an der sie sich aus sich selbst herausheben kann; einen sichern Punkt außerhalb ihrer, und das ist nur die Wahrheit. Die Erkenntnis der Wahrheit ist die grundlegende Tat der seelischen Befreiung. »Die Wahrheit wird euch frei machen.« Die Seele braucht jene innere Lösung, in welcher der Krampf des Wollens gestillt ist, die Unrast des Strebens ruhig wird, der Schrei des Begehrens schweigt. Das ist grundlegenderweise und in erster Linie die Gesinnungstat, in der das Denken die Wahrheit anerkennt; der Geist vor der eigenherrlichen Majestät der Wahrheit verstummt.

Das Dogma, die Tatsache der unbedingten Wahrheit, die da steht und nach keiner Brauchbarkeitsbegründung fragt, unverrückbar und ewig, ist etwas unsagbar Großes! Wenn es dem Geiste in einer guten Stunde ein wenig näher tritt, so überkommt ihn das Gefühl, als rühre er an die geheimnisvolle Gewähr für die Gesundheit der Welt. Als sehe er das Dogma stehen wie den Hüter alles Seins, wahrhaft und in Wirklichkeit der Fels, auf dem alles ruht. »Im Anfang war das Wort«, der Logos!

Deshalb ist die Unterstimmung des echten, gesunden Lebens eine beschauliche. Die Tatkraft des Wollens und Handelns und Suchens mag noch so groß werden, sie muß auf einer Tiefe ruhen, die stille ist, die zur ewigen, unwandelbaren Wahrheit aufschaut. Das ist die Gesinnung, die in der Ewigkeit wurzelt. Sie hat Friede. Sie hat jene innere Gelassenheit, die den Sieg über das Leben darstellt. Sie ist nicht in Hast, sie hat Zeit. Sie kann warten und wachsen lassen. [...]

In der Liturgie hat der Logos den ihm zukommenden Vorrang vor dem Willenswesen. Daher ihre wunderbare Gelassenheit, ihre tiefe Ruhe. Daher scheint sie ganz aufzugehen in der Anschauung und Anbetung und Verherrlichung der göttlichen Wahrheit. Daher scheint sie so unbekümmert um die kleinen Nöte des Tages. Daher sucht sie so wenig unmittelbar zu erziehen und Tugend zu lehren. Die Liturgie hat etwas an sich, was an die Sterne erinnert, an ihren ewig gleichen Gang, ihre unverrückbare Ordnung, ihr tiefes Schweigen, an die unendliche Weite, in der sie stehen. Die Liturgie scheint aber nur sich um das Handeln und Streben und den sittlichen Stand der Menschen so wenig zu bekümmern. Denn in Wirklichkeit weiß sie sehr wohl: wer in ihr lebt, wird wahr, gesund und befriedet in seinem innersten Wesen.

Vom Geist der Liturgie, 1918, S. 134–142

Haltungen

VERSUCHUNGEN ZUR SCHWERMUT

Worin der Fehler des schwermütigen Verhältnisses zur Wirklichkeit liegt, wird besonders an zwei Stellen deutlich; an einer doppelten Versuchung, die an den Menschen überhaupt, aber besonders an den Schwermütigen, herantritt: unterzugehen in der Unmittelbarkeit der Natur und der Sinne – und unterzugehen in der Unmittelbarkeit des Religiösen.

Die erste Versuchung zeigt das falsche Verhältnis zu den Dingen und zu sich selbst. Alles wird unmittelbar genommen, und das eigene Selbst als ein Stück Natur, in der es sich unmittelbar ausleben will. Als ein großer Zusammenhang, als ein einziger Strom; ein großes Wandeln von Gestalt in Gestalt, und nirgendwo deutliche Grenzen. Alles eins: ein Sein; ein Leben; ein Geborenwerden und Streben; ein Fühlen und Leiden ... Alle Mannigfaltigkeit nur Ausdruck des Einen. Das Eine sich auswirkend in tausend Gestalten. Und da die große Versuchung, hineinzustürzen, sich hineinsinken zu lassen, je nach der Stimmung, zu grenzenlosem Genießen, Erleben, Ausleben ... oder in müde Selbstaufgabe ... oder in die Resignation der eigenen Kleinheit vor den großen Gewalten ... Die Versuchung, sich auszuleben im unmittelbaren Schaffen; in der Genialität der strömenden Produktion, in welcher der Mensch sich als Organ der Natur fühlt, oder als Ausbruchsstelle unbenennbarer Mächte, oder als Werkzeug des ortlos strömenden Geistes ... Oder wiederum, scheinbar über diese Naturzusammenhänge hinaussteigend, dennoch doch nur ihren konstitutiven Gegenpol hinausprojizierend, in einem Titanismus des Geistes, des ruhelosen Suchens, der alles zerstörenden Frage und des alles unterwühlenden Zweifels ...

Die andere Versuchung geht auf ein falsches Verhältnis zum Absoluten. Auch das wird unmittelbar genommen: als eine ohne weiteres zu erreichende Grenzenlosigkeit; als unmittelbar einzusaugende Fülle; als ein Geheimnis, in das man kontinuierlich eindringt, denkend, schauend, fühlend, sich sehnend; als eine Ferne, auf die man geraden Weges zusteuert ... und wie immer ausgedrückt werden mag, daß das Absolute als etwas genommen wird, zu welchem der Mensch in unmittelbarem Verhältnis steht. Ohne weiteres zu fassen; sei es nun fromm oder unfromm; in Auflehnung oder in Hingabe.

Beidesmal wird das Entscheidende aufgegeben; die Grenze; das eigentlich Menschliche. Nicht Welt zu sein; mehr als sie. Nicht ein Stück Natur; sondern mit dem Eigentlichen anders als sie. Nicht eine Welle im Strom, ein Atom im Wirbel, ein Organ im großen Zusammenhang, sondern Geist; Person, ihrer selbst mächtige, selbstverantwortliche Person; Gottes Ebenbild, unter seinem Anruf stehend, und von ihm her frei in dieser Welt. Anderseits aber nicht Gott. Nicht ein Stück von ihm; nicht Konkretisierung seiner grenzenlosen Sinnfülle; nicht Organ seines strömenden Geistes, und wie immer sonst noch der wesenhafte absolute Unterschied zwischen Gott und Mensch verwischt werden mag, sondern »absolut weniger« als er: sein Geschöpf.

Gottes Geschöpf ist der Mensch. So wird es unmöglich, sich ohne weiteres in ihn zu ergießen, und der Versuch dazu unerlaubt. Aller Weg zu Gott geht durch das Bewußtsein des unend-lichen Abstandes; durch Ehrfurcht; durch »Furcht und Zit-tern« des Geschöpfes.

Aber Gottes Ebenbild; Geist und Person. Dadurch wird es un-möglich, Stück der Natur zu sein, und unerlaubt der Versuch, es zu werden. Vielmehr ist das Innerste des Menschen außer der Welt; vor Gott stehend, fähig und bestimmt, seinen Anruf zu vernehmen und ihm zu antworten.

Das alles aber heißt: der Sinn des Menschen ist, lebendige Grenze zu sein und dieses Leben der Grenze auf sich zu neh-men und durchzutragen. Damit steht er in der Wirklichkeit; ist frei von den Verzauberungen falscher, unmittelbarer Gott-einheit wie unmittelbarer Naturselbigkeit. Eine Kluft; ein Bruch nach beiden Seiten hin. Sein Weg in die Natur gebrochen dadurch, daß er unter der Verantwortung Gottes steht. Damit sein ganzes Verhältnis zur Natur unter den Blick des Geistes, unter die Pflicht der Würde gestellt; Inhalt von Verantwor-tung. Sein Weg zu Gott gebrochen dadurch, daß er nur Ge-schöpf ist, daher zu Gott wesenhaft kommen muß in jenem Akt, der Trennung und Verbindung zugleich ist: in Anbetung und in Gehorsam. Jede Aussage über Gott, die nicht in den Akt der Anbetung eingehen kann, ist falsch; und falsch wiederum jedes Verhalten gegen Gott, das nicht in die Form des Gehor-sams eingehen kann.

Hierin, in dieser Gesinnung zeichnet sich die eigentliche menschliche Haltung ab. Die Haltung der Grenze, die ebenda-mit die der Wirklichkeit ist.

Sie ist Wahrhaftigkeit, Tapferkeit und Geduld. Geduld vor al-lem. Die eigentliche Lösung freilich kommt erst aus dem Glau-ben; aus der Liebe Gottes. Erst das Mysterium von Gethsemane – und hinter ihm das dunkle Mysterium der Sünde, mit allem, was sie gebracht hat – erst das gibt die eigentliche Antwort: daß der Herr »traurig gewesen ist bis zum Tode«; und daß er alle Last der Schwere hindurchgetragen hat in dem Willen des Vaters. Erst im Kreuz Christi liegt die Lösung für die Not der Schwermut. [...]

Hier kommt auch die Antwort auf jenes in der Schwermut, für das es »Lösung« auf Erden überhaupt nicht gibt.

Vom Sinn der Schwermut, 1928, S. 53–58

DASS SICH DIE INNERE, LEBENDIGE TIEFE ÖFFNET

Was Schweigen heißt, kann man wohl in den Bergen erleben. Da ist es ganz still. Kein Laut weithin. Und rauscht irgend ein Wasser, zwitschert einmal ein Vogel, rollt ein Stein, dann sinkt nachher die Stille nur um so tiefer in sich.

Schweigen heißt machen, daß es still sei. Schön ist das, einige Tage Dasein aufzubauen, das vom Gerede unserer lauten Zeit frei ist!

Und wie vieles kann man leise tun! Geräusch ist oft nur Unrast des Gemütes, Ungeduld, Verdrießlichkeit. Nicht selten auch Grobheit des Herzens, Unachtsamkeit, liebloser Sinn. Der gütigen Hand, der ruhigen Bewegung fügen die Dinge sich leicht. Welch wunderbare Aufgabe: ein Dasein ohne Lärm!

Schweigen ist Ausdruck eines inneren Zustandes. Innerlich muß man sich auf das Nicht-Sprechen einrichten; innerlich in der Stille leben, dann kommt das Äußere von selbst. Stille bedeutet nicht nur die Abwesenheit des Redens; sie ist selber etwas. Sie ist eine innere Nähe; eine Tiefe und Fülle. Stille ist ein ruhiges Strömen des verborgenen Lebens. Was sie vor Gott ist, vernehmen wir in den Worten aus dem Buch der Weisheit: »Als alle Dinge in der Mitte des Schweigens standen, und die Nacht die Mitte ihres Laufes erreicht hatte, da stieg vom göttlichen Thron herab, o Herr, Dein allmächtiges Wort.« [...]

Vor allem bedeutet Meditation, daß sich die innere, lebendige Tiefe öffnet. Etwas derart, wie wenn die Erde gepflügt, und die Saat ausgestreut wird. Was von Gott kommt: ein Wort, das er spricht, ein Begebnis, das sich von ihm her ereignet, nimmt der betrachtende Mensch in seine Innerlichkeit auf. Nicht sachlich verarbeitend wie ein wissenschaftliches Problem oder eine Berufsangelegenheit, sondern ehrfürchtig und verlangend. Gottes Worte sind mit heiliger Kraft geladen; als solche müssen wir sie in uns hereinnehmen.

So die eine Bewegung. Die andere geht in entgegengesetzter Richtung: Der Meditierende hebt sich von ihm selbst weg und drängt zu Gott hin. Sein Inneres tritt in eine leise Hinbewegung zu Gott. Die betrachtenden Worte aber, die erwogenen Gedanken werden ihm zu Stufen, zu Antrieben, zu Kräften, um diese Bewegung zu vollziehen.

Beides zusammen ist wie der Rhythmus eines lebendigen Ganzen: Einatmen und Ausatmen, Insichziehen und Hingeben. Dieses Ganze heißt die Liebe. Was an der Meditation »Übung« ist, »Technik«, hat nur den Sinn, den heiligen Rhythmus der Liebe zu lösen.

Wille und Wahrheit, 1933, S. 30-32

ABSICHTSLOSIGKEIT LÖST

Wenn man dem Absichtslosen begegnet, wird alles anders. Es gibt nicht leicht eine größere Kraft, als die Absichtslosigkeit. Das bedeutet nicht Lässigkeit. Dort, wo es um Ziel und Richtung geht, bei der Arbeit, im Verhältnis zu Menschen usw., muß man sich natürlich klar werden, was man will und darauf zugehen. Im Übrigen aber nicht immer wollen und bezwecken, rechnen und planen, sich sorgen und sich wehren, begehren und festhalten. Nicht immer unter Willensdruck stehen. Vielmehr ruhig im eigenen Sein wurzeln, und von Stunde zu Stunde zuversichtlich tun, was getan sein will. Absicht spannt auf den Zweck. Darin verfestigt sich der Mensch und zwingt auch den Andern zur Verhärtung. Absichtslosigkeit löst. Das Sein wird frei, und die Gestalt kann walten. Sie wirkt, aber sanft und unmerklich. Auch das fremde Sein wird frei. Es braucht sich nicht zu wehren, wird umgänglich und öffnet sich der stillen Kraft der Gestalt. Der Absichtslosigkeit in klarem Geiste und warmem Herzen ergeben sich die Dinge, und das Geschehen ordnet sich sanfter.

Hier fühlen wir wieder jene andere Seite des Daseins: Neben der Wirksamkeit des zweckgerichteten Willens die der freigewordenen Gestalt, der stillen Mittenkraft, des geeinten Gemütes. Die Welt ist nicht fertig. Sie bildet sich um jeden Menschen neu. Wie er ist, wird sie. Die Hälfte dessen, was Schicksal heißt, ist der Mensch selbst. Er zieht das Geschehen. Er gibt den Dingen das Gesetz ihres Verhaltens. Das Wort, wonach »denen, die Gott lieben, sich alle Dinge zum Besten« ordnen, ist eine göttliche Verheißung, spricht aber auch ein Gesetz des Seins aus: Wer klar, still, frei geworden ist, dem fügen sich die Dinge.

Wille und Wahrheit, 1933, S. 113-114

Wert und Herz

... BEGIBT SICH DIE BEGEGNUNG

Die Welt ist nicht fertig. Und nicht nur deshalb, weil sie sich noch weiterentwickeln, Dieses und Jenes werden müßte. Es ist tiefer gemeint. »Die Welt« sind nicht die Dinge draußen für sich allein, sondern das, was in der Begegnung zwischen dem Menschen und ihnen wird. Wenn der Mensch die Dinge sieht und empfindet; wenn sie an ihn heran und in ihn hineinkommen; er wiederum in die Dinge dringt, in ihnen weilt und lebt – was da wird, ist erst die eigentliche Welt. Es ist nicht nur draußen und auch nicht nur drinnen; vielmehr innerlich werdendes Außen, und hinausgetragene Innerlichkeit. Es ist gesehener Gegenstand und mit empfangenen Gestalten erfüllter Blick; vom Herzen gefühlte Form und von den Gestalten der Wirklichkeit aufgerufenes Gefühl. Ist Hand, die erst ganz sie selbst wird an der Frucht, die sie greift; Boden, der erst zum Acker wird, wenn der Mensch ihn pflügt und besät. Das erst ist jene Welt, die Gott gemeint hat, als er das Ding und den Menschen schuf.

Und auch nicht nur »das Ding« und »den Menschen«; die gibt es ja nicht. Es gibt diese Zypresse, wie sie da gewachsen ist; an dieser Stelle am Hang, wo der Windstrom, der immer abends herabkommt, sie von der Seite trifft. Und es gibt diesen Menschen, mich, der ich meinen Weg daherkomme, und mein Leben, wie es bis hierher gewesen ist und das Erbe der voraufgehenden Vergangenheit in mir trage. Hier komme ich, sehe die Zypresse, und zwischen uns beiden begibt sich die Begegnung. Und wenn ich recht zu ihr komme und sie sehe – wer aber weiß, was sie dabei tut? ob es nur »ein Märchen« ist, wenn die Märchen sagen, auch die Zypresse sehe und spreche? – dann wird aus ihr und mir, in diesem unseren Gegenüber, in dieser Stunde, »Welt«.

So wird stetsfort, wo immer ein Mensch einem Ding begegnet, jene Welt, die Gott gemeint hat. Immer neu. Und sie wird, was Gott gemeint hat, in dem Maße, als der Mensch den Dingen recht begegnet: rein, ohne Selbstsucht, mit offenen Augen und empfänglichem Herzen; so, wie es die Meinung des Augenblicks fordert.

Hierin besteht der Schöpferdienst, zu dem Gott den Menschen gerufen hat: daß immerfort, in seiner Begegnung mit den Dingen, die eigentliche Welt werde. Daß er selber erst werde, indem er an die Dinge gerät; schaut, versteht, liebt, an sich zieht und abwehrt, schafft und gestaltet. Daß die Dinge sie selbst erst ganz werden, wenn sie in den Bereich des Menschengeistes, seines Herzens und seiner Hand gelangen. Diese Welt wird immerfort; leuchtet auf und erlischt wieder.

In Spiegel und Gleichnis, ²1932, S. 18–19

WERTHUNGERNDES HERZ

Die Tatsache aber, daß alles Seiende wahrhaft seiend nur ist, soweit es ehren-wert ist, Würdigung rufend und Verlangen weckend – diese Tatsache ist in jedem Seienden neu; neu in dessen besonderer Wesensart. Sie ist anders im Stein, anders in der Pflanze, anders im Tier. Sie ist anders im Reich der Menschen, und wiederum neu in jedem Menschen; in jedem Menschenwerk und Menschenverhältnis. Das Wesen des Menschen ist sein Weg zum Wert; der Titel, unter dem er würdig ist, daß er sei, oder doch dessen würdig werden soll. Es ist der Ton, der um ihn schwingt, und auf welchen das des Schätzens fähige Herz einschwingt und mit dem Akt der Würdigung, der Liebe antwortet. Und wirklich der Seinswürdigung fähig ist nur jener, der den besonderen Eigenton all der Mannigfaltigkeit um ihn her vernimmt; der feinfühlig ist für das Unwiederholbar-Eigene jedes einzelnen Geschöpfes; für das Einmalig-Besondere in jeder Menschengestalt, in jedem Menschenschicksal und Menschenwerk.

Erkenntnis ist also wahre Erkenntnis nur, wenn der lebendige Akt, der sie vollzieht, zugleich den Kostbarkeitsklang auffaßt, der diesem Seienden wesenseigen ist. Es gibt keine wahre Erkenntnis, die nicht zugleich Antwort auf jene Rechtfertigung wäre, mit welcher dieses Sein sich als wesenswürdig bezeugt. Ob das nun so geschieht, daß jene Wertigkeit erfüllt ist, und also der Seiende wahrhaft seiend; oder doch so, daß sie Aufgabe ist, die erfüllt werden soll, und so das Seiende zu sich selbst unterwegs.

In allem Seienden liegt eine Wertgestalt. Sie ist die Rechtfertigung seines Wesens; die Weise, wie dieses sich als des Seins würdig bezeugt. Diese Wertgestalt, ihre metaphysische Anstrengung, ist es, die das Herz ruft, daß sie diese Selbstrechtfertigung des Wesens vornehme, anerkenne und liebe. Im Grunde ist sie eine Liebesgestalt. Darin liegt das eigentliche Wesen der platonischen Idee. Und sie drängt, daß sie sich auch wirklich im Geliebtsein ausschwingen könne. Liebe ist das tiefste Wesen aller Dinge; sagen wir richtiger: Liebes-Würdigkeit, und Verlangen danach, geliebt zu werden.

Aus solchem Erleben schlägt jene Flamme hervor, die Begeisterung heißt. Eine schlimme Sache überall, wo sie nicht echt ist; aber bezwingend dort; wo wirklich Geist und Herz so sind, daß sie brennen können; daß sie die »Idealität«, den Auftrieb ins Vollkommene empfinden. [...]

Doch das Geheimnis führt noch tiefer: Im Begriff des »höchsten Gutes« ist Gott als der Liebe Rufende und jeder Liebe Würdige verstanden; aber auch als der in Liebe Schaffende. Als jener, durch dessen Liebe der Liebeswert jedes Seienden überhaupt erst wird, und seinen Raum erhält. In Gottes Liebesblick sind die Dinge, und sind die Menschen. Darin »sind sie erkannt«, gewürdigt und in ihrer Würde begründet – freilich auch gerichtet.

Jene Fühlsamkeit für den Wert aber; jene Fähigkeit; die Wertschwingung des Seienden, das Besondere jedes Seienden, die einmalige Selbstrechtfertigung des Wesens im eigenen Wert zu erfassen, wird bezahlt. Diese Fähigkeit, mit liebenden Händen die Köstlichkeit des Seienden zu umfangen und ihrer froh zu werden, erfährt jene leuchtende Freude, welche spricht: »wie ist das schön!« Und etwas schön zu finden, bedeutet hier nicht den ästhetischen Genuß, sondern jene »Würdigung«, wie sie bei Platon im sechsten Buche der Politeia die Wertung der Wertungen bedeutet. Es ist jene höchste Freude, in welcher einer dankt, daß das Edle sei. Die christliche Vollendung solcher Haltung, ihre Verwandlung zu den Füßen Gottes klingt aus im Gloria, wenn es ruft: »Wir danken Dir, da Du so herrlich bist!« Diese Haltung bedeutet aber auch ein reizbar waches Empfinden für alles Unvollkommene, Dunkle, Drückende, Häßliche, Niedrige, Unedle. Eine besondere Verwundbarkeit durch die Tatsache, daß eben doch nichts Endliches ist, wie es sein soll, sondern immer nur unterwegs dorthin, und das ist noch der beste Fall; daß keines wahrhaft seiend ist, sondern sich gleichsam immer nur ins Sein hinaufringt. Ein Empfinden für das Schweben zwischen Sein und Nicht-Sein; zwischen Wert und Un-Wert; zwischen Bewährung und Nichts-Würdigkeit. Dieses Gefühl schwingt durch alle platonischen Schriften. Immer wieder bestimmt es die Problemstellung. Dieses Gefühl lebt in allen, die so gesinnt sind. Daraus aber kommt ihnen ein immer wacher Schmerz und eine nie aufhörende Trauer. [...]

Und es ist seltsam, wie sich der Begriff des Absoluten selbst, Gottes und seiner Ideen, ins Unechte wandelt, sobald dem Endlichen, der Welt der Dinge und Geschehnisse, nicht ihr Recht wird. Jene Denkart ist so geschaffen, daß für sie eigentliche Antwort immer nur die absolute Antwort ist; eigentlicher Sinn immer nur der absolute Sinn. Alle Dinge sind ihr nur Symbol für ein anderes, für das Ewige und Unbedingte. Eine eigentümliche Nichtachtung des Endlichen lebt in ihr; eine Unfähigkeit, es ernst zu nehmen; eine letzte Geschichtslosigkeit. Daraus kommt wohl der große Antrieb ins Ewige, Absolute; aber auch die Gefahr, daß dieser Aufstieg zu leicht genommen wird. Zu früh, zu rasch, zu kontinuierlich vom Endlichen her, aus einer ungereinigten Haltung heraus, ohne den eigentlichen Ernst, der gefordert ist. Damit die Gefahr, daß Aufstieg und Verhältnis zum Absoluten spielerisch, ästhetisch, weltlich konstruktiv und der Absolutheitseffekt selbst verfälscht werden. Dann wird aber das Ewige zur Zuflucht der Trägheit und des Unernstes. Richtig wird das Ewige erst gesehen, wenn der Geist sich müht, in allem Ernst auch dem Zeitlichen gerecht zu werden. [...]

Aber eben aus jenem Erleben, das seine Gefahr ist, steigt eine edle Kraft: Ein nie schlummerndes Gefühl dafür, daß die Dinge eben nur »Dinge« sind. Daß nichts, was ist und geschieht, sich selbst, und nichts der Forderung des Herzens genügt. Er läßt sich von seiner Forderung an das Seiende nichts abdingen, dieser Geist, der oft so hilflos dem Seienden gegenüber ist. Er fühlt unbestechlich, daß alles in die Grenze eingeschlossen, alles vom Nichts unterspült ist. Ja er weiß von jener Stelle im metaphysischen Innen, in den Dingen, in ihm selbst, wo das Nichts herandroht. Er fühlt, daß nichts dem Anspruch genügt, der aus dem werthungernden Herzen heraus erhoben werden muß. Auf alles, was ist, drückt dieser Anspruch, und alles gibt nach. Es ist nicht wahr, daß die Welt in sich stehe. Es ist nicht wahr, daß die Welt sich genüge. Es ist nicht wahr, daß die Welt mir genügen könne, und daß sie selbst die würdige Aufgabe meiner Existenz sei. Es ist nicht wahr, daß der Dienst an der Welt Sinn des Lebens sei. Es ist die Blindheit eines brutal gesunden, oder aber die Verzweiflung eines tief kranken Lebens, dies zu behaupten. Alles, was begegnet, und alles, was geschieht, ist so, daß es über sich selbst hinaus weist.

Madeleine Sémer. Nachwort, 1929, S. 208–214

HERZ IST GEIST IN DER NÄHE DES BLUTES

Vor allem eines [ist Herz]: Nicht Ausdruck des Emotionalen im Widerspruch zum Logischen; nicht Gefühl im Widerspruch zum Intellekt; nicht »Seele« im Widerspruch zum »Geist«. »Cœur« ist selbst Geist; eine Erscheinungsform des Geistes. [...]
Das Phänomen hängt daran, wie sich Erkenntnis und Wille, Wahrheitserfassung und Liebe – objektiv ausgedrückt: wie sich Wesen und Wert zueinander verhalten. »Wert« ist der Kostbarkeitscharakter der Dinge; das, was macht, daß sie würdig sind zu sein. Auf ihn antwortet die Werterfahrung; jenes spezifische, nicht weiter rückführbare Berührtsein und In-Schwingung-Kommen des Geistes. Aber nicht des theoretischen Geistes, des Verstandes, sondern des würdigen Geistes,

das ist eben des Herzens. »Herz« ist der Geist, sofern er in Blut-
nähe gelangt; in die fühlende, lebendige Fiber des Leibes –
ohne jedoch dumpf zu werden. Herz ist der vom Blut her heiß
und fühlend gewordene, aber zugleich in die Klarheit der Anschauung, in die Deutlichkeit der Gestalt, in die Präzision des
Urteils aufsteigende Geist. Herz ist das Organ der Liebe – jener,
aus der die platonische Philosophie und wieder, vom christlichen Glauben neu befruchtet, die Göttliche Komödie aufge-
stiegen sind. Diese Liebe bedeutet nämlich die Bezogenheit der
verlangenden und fühlenden Menschenmitte auf die Idee; die
aus dem Blut in den Geist, aus der Leibgegenwart in die geistige Ewigkeit gespannte Bewegung. Sie ist es, die im Herzen
erfahren wird. [...]
Das Herz antwortet auf den Wert. Wert ist innere Sinn-Bewegt-
heit des Seins. Wert ist die Selbstrechtfertigung des Seienden,
daß es seines Daseins würdig ist. Diese Dynamis ruft die Bewegung des Herzens, die Liebe. So ist »Cœur« bei Pascal das Organ für den Wertcharakter des Seins. Alles Seienden; selbst
des scheinbar fernsten, weil es kein Sein gibt, das nicht wert-
haft wäre und dadurch fähig zu jener inneren Berührung, welche die Wertungsschwingung hervorbringt. Besonders des
Lebendigen. Noch einmal mit Vorzug des Menschlichen. Endlich aber und endgültigerweise ist das Herz das Organ für jenen Wertcharakter, der sich nur von oben her, aus der Offenbarung erschließt: der erfüllenden und heilgebenden Heiligkeit
Gottes. [...]
Wirkliche Erkenntnis des theoretischen Geistes ist nicht möglich, wenn sie nicht von der Bewegung des schätzenden Geistes
getragen wird. Erkenntnis setzt Liebe voraus. In dem Maße
wird man die Wahrheit erkennen – wirklich erkennen, im
tiefsten Sinne, mit der Leidenschaft der Aneignung –, wie man
liebend ist. Wiederum erhebt sich hinter Pascal Dante, und
noch einmal Augustinus, und am Anfang steht Platon.

Nun aber: Liebe bedeutet nicht nur, auf den Wert zu reagieren, sondern ihm gegenüber tätig zu werden. Sie ist nicht nur eine reaktive, sondern eine initiative Bewegung. Liebe ist Freiheit. Jeder Wert fordert Stellungnahme, und danach, wie diese ausfällt, bestimmt sich der Charakter, den seine Macht im Lebensbereich des von ihm berührten Menschen annimmt; seine existentielle Bedeutung, ob er bauend oder zerstörend wirkt.

Man kann diese Stellungnahme von verschiedenen Seiten her zu bestimmen suchen: Sie liegt vor allem in der Wertwahl: Alles ist wertbetont, aber nicht jeder Wert ist dringlich. Alle Werte haben als solche Gültigkeit, aber zugewiesen ist immer nur ein bestimmter. Ein falsch gewählter Wert ist gut an sich, aber er wirkt zu Unheil, zum mindesten verdrängt er den richtigen ... Dann geht es um das Maß der Hingabe; um den Grad, in welchem einem Werte über das eigene Leben Macht gegeben wird. Darin entscheidet sich, ob er zur Freiheit oder zur Knechtschaft führt ... Da ist weiter die innere Freigabe: Ob der Herzwille dem Wert oder Wertbild erlaubt, sich rein aus ihm selbst heraus zu entfalten, was zugleich bedeutet, daß dieses Herz sich über sich selbst hinaus erheben muß; oder ob es das Entgegentretende dem eigenen Wollen unterordnet, es sich dienstbar macht, was schon in der Weise liegen kann, wie der Mensch blickt ... Und endlich, ob der Wert reingehalten oder ins Böse verkehrt wird. Ob die Herzkraft es fertig bringt, das Entstehen des bösen Widerspieles, die Verzerrung ins Schlimme zu verhindern, von der bereits die Rede war ... Es geht also darum, ob der Grund des Herzens wachsam ist, gehorsam gegen die Forderung, selbstlos, freigebend, rein – rein im geistigen Sinne.

Damit kommt aber wieder das Existenzproblem des Menschen hinein, die Sünde. Sünde bedeutet, daß der Mensch in sich selbst stehen will; daß er hochmütig ist; selbstsüchtig; unrein im Geiste, nämlich bestrebt, die Freiheit des Gültigen unter das eigene Wollen zu zwingen. Diese Sünde, die überall wirkt, vor allem im Geiste, das heißt also auch in der Tiefe des Herzens, droht zu einer bösen Vorentscheidung zu werden, die allen einzelnen Entscheidungen vorausliegt. Sie strebt die Werte in die Gestalt der Autonomie zu bringen und sie so zu Werkzeugen der Empörung gegen Gott zu machen. Sie beeinflußt die Herzkraft und sucht so das wahre Bild der Dinge zu fälschen. Sie trübt den Wertblick, beirrt das Wertgefühl, lenkt die Wertentscheidung ab – und die Gefahr ist um so größer, als das Herz sich bei der eigentümlichen Unmittelbarkeit seines Aktes seiner selbst so sicher fühlt und an die Möglichkeit eines Irrtums nicht glauben will. In Wahrheit kann sich nichts so tief, so verhängnisvoll und so schwer belehrbar irren wie das Herz.

Christliches Bewußtsein, 1935, S. 116–121

Gestalten im Geheimnis

DAS STAUNEN DES JOHANNES

Nur Einer hat deutlicher merken lassen, was ihm über's Herz kam, während er berichtete. Das ist der heilige Johannes. Er war wahrhaftig nicht jenes sanfte, schmächtige Wesen, als das ihn eine sentimentale Kunst oft darstellt. Hat ihn doch Christus »Donnersohn« genannt, und ein andermal ihn schelten müssen, weil er Feuer auf Samaria herabrufen wollte. Ein brennendes Herz hatte Johannes und einen weitgespannten, großen Sinn. Sein Geist war wach für die Geheimnisse des Pneuma. Als er das Evangelium schrieb, war er ein Greis, fast hundert Jahre alt. Er sah auf eine lange Zeit der Arbeit zurück, des Kampfes und auch der Enttäuschung ... Vieles war so ganz anders geworden, als er einst gedacht, sicher zu seinem tiefen Schmerz, aber sein Herz war nicht gealtert. Und wie er nun schreibt, spüren wir, was er einst empfunden haben muß, als er im Geisteswehen des Pfingstfestes den Herrn recht sah; und dieses Gefühl ist im Gang der langen Jahre unverwelkt geblieben: Das große Staunen darüber, wie es doch hat sein können, daß das Wort Gottes Fleisch wurde.

Dieses Staunen ist nicht Zweifel. Der Anfang seines Evangeliums spricht: »Ja, das Wort ist Fleisch geworden und hat sein Zelt aufgeschlagen unter uns, und wir haben seine Herrlichkeit geschaut.« Im ersten Brief: »Daran ist Gottes Liebe an uns offenbar geworden, daß Gott seinen einzigen Sohn in die Welt gesandt hat, damit wir durch ihn leben«. Und zu Beginn des gleichen Briefes heißt es: »Was von Anfang an war, was wir vernommen, was wir geschaut und unsere Hände betastet haben vom Wort des Lebens – und das Leben ist offenbar geworden, und wir haben gesehen und bezeugen und verkündigen euch das ewige Leben, das beim Vater war, und uns offenbar geworden ist – was wir also gesehen und vernommen haben, das verkündigen wir auch euch …«

Wir fühlen, er kann sich nicht genug tun. Es ist ihm ewig neu, das unfaßliche Ereignis: Das Leben ist wirklich offenbar geworden … wir haben es geschaut … und unsere Hände haben es betastet … und wir bezeugen …

Das ist sein Staunen: Wie hat es nur sein können, daß Gott, Gottes Wort, das die Welt geschaffen, das bei Gott, das Gott selbst ist – wie hat es sein können, daß dieses Mensch wurde? Wirklicher Mensch? Und damit kein Zweifel bleibe – der Begriff »Mensch« könnte idealisiert, unverbindlich genommen werden – faßt er das Gemeinte ganz scharf: Daß es »Fleisch geworden ist«, ganz und gar hereingenommen worden in unser Sein, so, daß es »unter uns wohnte«; »sein Zelt hatte unter uns«, heißt das Wort genau übersetzt, und wir hören den Ton aus lang vergangener Zeit, als Israel noch ein Volk von Hirten war.

Platon hat gesagt, das mache den wahren Philosophen, den der lebendigen Wahrheit Verpflichteten, daß er staune. Das bedeutet nicht »zweifeln«; Zweifeln allein zerstört. Es bedeutet aber auch nicht »Wissen«; Wissen allein verengt. Es ist etwas, was Schau in sich hat und Fragen zugleich. Ein Ja, das aber nicht abschließt, sondern vorantreibt. Ein Suchen, das aber von einem ersten Gefunden-Haben ausgeht, und Verheißung in sich trägt.

Auch der Gott Denkende kennt ein solches Staunen. Fragen allein löst auf; Festhalten allein macht stumpf. Glaube enthält beides: Fragende Gewißheit; vertrauendes Suchen. Im Glauben ist ein Staunen, daraus entspringt diese Gesinnung. Es hat Sicherheit und ist doch nicht geruhsam, sondern voll nie endender Sehnsucht. Es hat Gewißheit, aber eine, die allen Sinn und allen Hochmut des Begreifens übersteigt. Immer wieder wird das Herz übermocht von der Frage: Wie kann das nur sein, was doch so gewiß ist? Wie ist das möglich, worauf doch mein Leben steht?

Dieses Staunen ist des heiligen Johannes köstliches Erbe gewesen, das Staunen, daß »das Wort Fleisch geworden«.

Ihm ist darüber auch ein schweres, quälendes »Warum« gekommen: »Das Leben war das Licht der Menschen, und das Licht leuchtete in der Finsternis, und die Finsternis hat es nicht begriffen. Er war in der Welt, und die Welt ist durch ihn gemacht worden, und die Welt hat ihn nicht erkannt. Er ist in sein Eigentum gekommen, und die Seinen haben ihn nicht aufgenommen ...« Wie hat das sein können? Wie ist es möglich, daß Er, durch den alles ist, in die Welt gekommen sei, und das Werk seiner Hände habe ihn nicht aufgenommen? Wie kann das Licht in der Finsternis aufleuchten, und die Finsternis greift nicht nach ihm?

Darauf gibt es keine Antwort. Es ist das Geheimnis des Nein, und wie das möglich sein könne in der unendlichen Macht des göttlichen Ja, das alles erfüllt. Aber Johannes hat ein Wort, ich weiß kein schöneres, ebenfalls im ersten Brief. Da spricht er zu denen, die bekümmerten Herzens sind. Und es gilt weit über den besonderen Anlaß hinaus für alles, was an Unruhe und

Not aus dem Menschenherzen kommen kann, was er da sagt: »Wenn aber unser Herz uns anklagt, so ist Gott größer als unser Herz und weiß alles.« Man möchte das Wort tief hereinnehmen, damit es sich drinnen öffne ... Gottes Wissen und sein Licht ist stärker als alle Finsternis, und kann alles in sich aufnehmen, und kann das Nein zum Ja wenden, und die Kälte zur Liebe erlösen ... Dennoch ist auch das Nein da; und wie das sein könne, das hat Johannes nie begriffen. Aber nicht lang, und wieder steigt in ihm das anbetende Staunen auf: »Ja, das Wort ist Fleisch geworden und wir haben seine Herrlichkeit geschaut ... Und aus seiner Fülle haben wir alle empfangen ...«
Man traut sich in die Frage nicht hinein. Man fürchtet, das Staunen möchte Zweifel werden. Als einmal in der Schule erzählt wurde, der Sohn Gottes droben in der Herrlichkeit des Vaters sei ein armer Mensch geworden, fragte ein Kind: »Kann denn der liebe Gott jetzt nie mehr ohne Mensch sein? Muß er ihn immer behalten?« Es ist die Staunensfrage des heiligen Johannes. Einmal, eines Tages – wir reden nach Menschenweise, würde Sankt Paulus sagen; und wie sollen wir sonst reden können? – eines Tages wurde Gott Mensch. Und von da ab – wiederum reden wir nach Menschenweise; aber wir wollen es geradezu tun, kindlich, denn in göttlichen Dingen ist die kindliche Sprache die richtigste – von da ab behielt er für immer das Menschen-Wesen. Immer hat er es. Nie streift er es ab. Immer haftet an seiner Unendlichkeit das kleine Bißchen Menschenwesen. »Selig, wer sich an mir nicht ärgert«, hat der Herr gesagt. Aus solchen Gedanken kann das Staunen so drohend heraufwachsen, daß wir niederknien und anbeten müssen, um uns zu helfen.

In Spiegel und Gleichnis, 1932, S. 173–177

Um so glaubwürdiger ist in Madeleine dieses Verlangen, als es nicht aus einer lebensunfähigen Natur kommt, die des Ressentiments gegen eine von mangelnder Genußkraft versagte Weltfülle verdächtig ist. Diese Frau hatte »die große Gesundheit«, von welcher der kranke Nietzsche sehnsüchtig spricht; die edle Substanz, biegsam und kraftvoll; Leidenschaft, Fülle, und wiederum ein aus tiefstem Sein her wirkendes Maß und Gleichgewicht; jene Formkraft, die, fast möchte man sagen, für eine Art Unzerstörbarkeit Gewähr gibt.

So ist sie wohl fähig, die von Werten gesättigte Wirklichkeit zu fühlen, zu ermessen, und mit elementarer Kraft zu genießen. Nicht weil seine Natur schwach wäre, und aus dem schwächegebotenen Verzicht eine Tugend machte, drängt dieser Geist über alles Geschaffene ins Reich des Absoluten hinaus, sondern gerade weil er stark ist, und unter dem prüfenden Druck seiner Kraft alle geschaffenen Dinge nachgeben. Diese sind es, die sich als schwach erweisen, nicht das Herz, das sie prüft. Darum schreitet es über sie hinweg. [...]

Wenn sich da alles in selbstverständlich durchsichtige Relationen auflöste, dann erhebt unser Gefühl Einspruch, im Namen der Wahrheit und der Freiheit. So liegen diese Dinge nicht! Gewiß, diese so hoch begnadete Frau sieht aus einer reineren, ja anderen Schau als wir. Sie hat den Blick der Kinder Gottes, für welche sich das, was uns vielleicht verschlungenes Gestrüpp ist, zu göttlicher Selbstverständlichkeit auftut. Das sei in Ehrerbietung anerkannt. Aber hier ist noch anderes. In ihrer Unbefangenheit tritt uns die besondere Gefahr eben des französischen, ja des romanischen Geistes überhaupt entgegen: Daß die Klarheit das Leben verdünne, auch das des Geistes; das Leben der Erkenntnis und der Wahrheit. Es gibt zwei Stellen, an denen der Erkenntniswille seine Geistigkeit offenbart:

Wenn er aus der Verschlungenheit und dem Dunkel des Problems in die freie Klarheit der Lösung durchdringt – aber auch, wenn er auf das Problem stößt; in der Intensität geistiger Leidenschaft den Knoten spürt, mit welchem das Seiende sich in sich selber verklammert; die Gegenwehr, die es der Durchlichtung entgegensetzt. Das zu erfahren, ist eine Herrlichkeit! Und je größer der Geist, desto tiefer erfährt er es; denn je stärker der Griff, desto elementarer die Gegenwehr. Und wie es zur Ehrlichkeit nicht nur, sondern zur Vornehmheit des Kampfes gehört, den Gegner in seiner ganzen Stärke zu wollen, so macht es den Adel der Erkenntnis aus, dem Problem seine ganze Verklammerungskraft zu geben.

Der Geist erstickt, sobald ihm »Klarheit« allein zum Maßstab gesetzt wird. Die Wirklichkeit ist nicht nur »klar«. Sie ist auch unbegreiflich; ja sie ist tragisch verstrickt. Gerade darin aber, im Zusammentreffen mit der Unbegreiflichkeit, ja mit der tragischen Schwere, atmet der Geist frei, denn darin ist lebendige Wahrheit. Es gibt die Sehnsucht ins Klare, in den Süden des Geistes. Es gibt aber auch die in den Norden, gerade aus der südlichen Durchsichtigkeit heraus. Jene ist wohlbekannt und durch jahrhundertelange Übung legitimiert. Vielleicht hängt aber das Werden wirklicher abendländischer Geistesgemeinschaft auch davon ab, daß die andere Sehnsucht erwache, aus der Klarheit – nicht in den Nebel, aber in die Dichtigkeit des Problems; in die ernste, ja tragische Verklammerung der Seinsgegensätze. Und nicht nur ein wirkliches Europa – auch eine wirkliche katholische Geistesgemeinschaft möchte wohl davon abhängen. [...]

Madeleine hat bei Nietzsche den Puls des gleichen Blutes gefühlt; den Flügelschlag des gleichen Geistes. Sie trug die Möglichkeit jenes südlichen Heidentums in sich, das Nietzsches letzte Sehnsucht war. Freilich mit einem großen Unterschied: Sie war in ihrem lebendigen Sein, was jener in seiner Sehnsucht war. Sie hatte jene elementare Gesundheit des Wuchses, die dem kranken Denker ein so unendliches Gut schien; die starke und geschmeidige Fiber; die unverbrauchte Genußfähigkeit. Sie trug in sich jene tiefe Glut, die zu jeder Leidenschaft und jedem Aufstieg fähig ist, sich aber immer wieder in klarem Verstande kühlt und in sicherer Form härtet. [...]

Das Grundgefühl dieser Frau war, gesund und schön zu sein. Stets aufs neue kehren Worte wieder, die das ausdrücken: vollkommene Gesundheit; vollkommenes Gleichgewicht; Schönheit, innere, aber auch äußere.

Dieses Bewußtsein aber ist in ihr wach geblieben bis an das Ende. Man möge das richtig verstehen; eine Mißdeutung würde das Eigentliche dieser echten Christenexistenz zerstören. Hier ist keine Rede von einem verschleierten Humanismus. Es handelt sich nicht um eine »schöne Seele«, die ihren angeborenen Harmoniewillen in das Christentum hineintrüge. [...] Sie hat das Kreuz nicht nur angenommen, sondern mit vollkommenem Wissen und vorbehaltloser Bereitschaft als das Entscheidende umfaßt. Sie ist durch all das hindurchgegangen, und ist »gesund und schön« geblieben. Hier liegt das Eigentliche, dessen Tragweite man nur versteht, wenn man Nietzsches Anklage verstanden hat.

Worin besteht diese? Sie sagt: Das Christentum hat die Natur zerstört. Es hat den geraden Wuchs, den starken Willen, die zuversichtliche Schaffenskraft, die Schönheit und den Adel des natürlichen Menschen zerbrochen. Es hat ihn furchtsam, schwächlich, häßlich und knechtisch gemacht. Es hat ihm den Glauben an die fernen Möglichkeiten irdischen Lebens und Schaffens genommen. [...]

Es gibt die Unchristlichkeit der bloßen, oder der falsch gearteten Weltbejahung – gibt es aber nicht auch die der Weltverkennung? Der falschen Ablehnung, die sich nachher in Ressentiment und Verbogenheit auswirkt? Das Übernatürliche entgegenzunehmen und aus ihm zu leben, setzt Opfer voraus; aber haben wir nicht zu unbedenklich die furchtbare Tatsache hingenommen, daß sich immer wieder mit Übernatur und Opfer die Unnatur verbindet? Gewiß; auch daß sich die Unnatur einstellt, gehört zu den Folgen des Sündenfalls; sie ist deren giftigste – aber ist das Problem der Unnatur und ihres Verhältnisses zur Übernatur auch wirklich gesehen, und als Frage für die christliche Weisheit und Erziehung in Angriff genommen? Nehmen wir nicht vieles als unabänderlich hin, was an sich durchaus nicht unabänderlich wäre? All die Ängstlichkeit, den Mangel an aufrechtem Wuchs, das Nachlassen zuversichtlicher christlicher Schaffenskraft – und wiederum die verräterische Gewaltsamkeit? Daß die Werte des Schöpferischen oft so gering in der Schätzung stehen; daß die Tugenden der Initiative und Verantwortungskraft so sehr zurücktreten; daß das Ethos der Ehre und der Vornehmheit weithin nicht die Bedeutung hat, die ihm gebührt – dieses, und manches noch – muß das alles sein? Und dabei geht es nicht etwa nur darum, daß natürliche Werte und Kräfte zu ihrem Rechte kommen; viel wichtiger ist, daß offenbar eine Fülle reinster christlicher Werte nicht richtig herauskann, weil die tragenden natürlichen Kräfte fehlen. Daß auch im Religiösen selbst, in der Nachfolge Christi, in der Heiligkeit eine gewisse Ranggrenze nicht erreicht wird, die doch in den großen Zeiten der Vergangenheit erreicht wurde! Das Christentum trat in die Welt mit dem Wissen, absolute Wertfülle zu sein. Wohl von göttlich-übernatürlicher Art, so daß durch ihren Anprall das Gefüge der natürlichen Werte, nämlich »die Welt«, ins Wanken kommt, Bruch und Widerspruch eintreten. Aber eben doch Wert; unendlicher Wertreichtum!

Wenn der Herr den Konflikt des Christen schildert, dann zeigt er ihn als Wahl zwischen der übernatürlichen Herrlichkeit des Christentums und jener der Welt. Jenes ist die Perle, für welche der Kaufmann alles gibt; der Schatz im Acker, für den der Finder Haus und Hof verkauft; der kostbare Hort im Himmel, den keine Vergänglichkeit verzehrt. Aber empfinden wir denn diese Kostbarkeit des Christentums? Fühlen wir den Wert der Perle? Sehen wir sie schimmern? Tritt sie wirklich, lebendig empfunden in Wettstreit mit dem, »was wir haben«, so daß wir uns getrieben fühlen, es zu verkaufen um ihretwillen? [...]

Den ersten Christen stand aus der Tiefe, Kraft und Farbigkeit ihrer christlichen Erfahrung das Christentum als unerhörte, überwältigende Herrlichkeit vor Augen; als himmlische Wertfülle – das war die Voraussetzung für ihren Kampf der Entsagung wie des Widerstandes gegen eine übermächtige Umgebung. Eben dieses ursprüngliche Wertbewußtsein aber fehlt uns weithin, und das bestimmt alles andere. [...]

Von hier aus gesehen erhält es eine tiefe Bedeutung, wenn diese Frau, die erst Nietzsche so nahe gestanden, und dann seine Diesseitsreligion überwunden hat, die sich mit ganzer Seele, ohne Vorbehalt noch Verschleierung in den Glauben geworfen, ihre ganze Seele in das Kreuz hineingegeben hat – wenn diese Frau, die wahrhaft Christin und gewürdigt war, tief in Gottes Geheimnis einzutreten, durch alles hindurch und bis an ihr Lebensende als Wesens-Grundgefühl im Bewußtsein bewahrt hat: schön sein?

Madeleine Sémer. Nachwort, 1929, S. 223–237

DIE REINE GABE: DIE HEILIGEN KINDER

Es hat das wohl gegeben, daß ein junges Wesen für den Herrn starb, und ein heiliger Schimmer rührenden Heldentum liegt darüber. Als man die heilige Agnes gefangen fortführen wollte, war sie so jung und schmal, daß die kleinsten Fesseln ihr von den Händen fielen ... Die unschuldigen Kinder aber haben ja nicht einmal gehabt, was sie hatte, und was doch zum eigentlichen Menschendasein gehört: Bewußtsein von sich selbst, und fühlendes Herz, und freies Wollen! Sie haben ja noch gar nicht glauben können; nicht Gott lieben, nicht mit dem schwächsten Stammeln Gott anrufen! Und doch feiert sie die Kirche.

Das ist wohl seltsam.

In den Heiligen verkörpern sich die Geheimnisse Gottes. In diesem die Klarheit seiner Erkenntnis; in jenem die Glut seiner Liebe; im dritten seine Stärke; wieder in anderen sein Reichtum, oder seine Lieblichkeit, oder seine Reinheit, oder welche Gottesherrlichkeit sonst ... Auch in den heiligen Kindern wird ein Geheimnis Gottes offenbar.

Die Menschen glauben alles Mögliche zu leisten und zu tun – aber im Letzten sind nicht sie es, die tun, sondern Gott. Sie strengen sich an, sie ringen, sie opfern – aber das Eigentliche daran ist Geschenk, Schöpfung von Gott her, Seine Gabe. Denn alles eigene Tun liegt ja erst innerhalb des Geschenkten, selbst in seiner Wurzel schon Gottes Geschenk. Aber das vergessen wir und meinen, selbst zu sein, zu können, zu leisten. Und nun stehen da Wesen, die mit all ihrem Sein verkünden: Nicht aus uns! Und so verkünden sie in einer letzten Reinheit das Geheimnis der Gnade.

Sie haben nicht gekämpft, nicht geschaffen, nicht geopfert, nicht gestrebt, nicht gelitten. Sie haben nicht geglaubt, nicht geliebt. Sie haben nicht einmal fühlen, nicht einmal denken können. Ihre ganze Existenz ist nur da. Sie sind in das Leben eingetreten ... in die Nähe des Christuskindes gekommen ... Von jener Knospe Gottes her ist Reich Gottes in ihnen aufgeblüht, im Sinne jenes Geheimnisses, das Er im Sein des Menschenwesens wirkt, vor allem eigenen Wählen und Tun, als reine Gabe, als reine, allerreinste Gnade ... Und bevor sie dessen auch nur inne werden, auch nur Dank sagen konnten, wurden sie weggenommen.

So stehen sie da, wie die Blumen auf dem Felde. Schöpfungen der Liebe Gottes. Nichts aus sich. Alles geschenkt. Ja, nicht einmal etwas für sich. Sie besitzen sich nicht einmal, sobald wir das Wort in dem Sinne nehmen, der Entscheidung und Selbstverantwortung voraussetzt. Sie sind nur. Sie »spielen«. Die Liturgie sagt's, daß sie »unter dem Altare Gottes spielen mit den Kronen und den Palmen des Martyriums«.

Schöpfungen der Liebe Gottes sind sie, einer seltsam verschwendenden, seltsam königlichen Liebe Gottes. Blüten ohne Frucht, nur blühend und bald geschnitten. Ganz ohne Nutzen; Schönheit nur und zarter Duft.

Eine Fröhlichkeit liegt über ihnen und etwas Fremdes ... Welch ein Geheimnis in diesem Fest! Eine Welle steigt auf aus der Tiefe, die nur von Gott her etwas ist, nichts aus sich. Aber dieses Menschenwesen, das da heraufblüht und weggenommen wird, ist nichts Sinnloses. O, nein, nein! Vielmehr ganz erfüllt, vollendet, ganz schön. Aber ohne auch nur einen Hauch des Ich-Wollens, des Selbst-Suchens. Diese Wesen haben die Vollkommenheit reiner Gnade.

Und das ist ihre unsägliche Seligkeit: Nur Gnade. Nichts Ich. Nur Gott ...

In Spiegel und Gleichnis, 1932, S. 202–204

SO HAT JEDES DING SEINEN MUND

Einmal werden die lauten Dinge verstummen. Alles Sichtbare, Greifbare, Hörbare wird ins Gericht kommen, und die große Umwendung wird vorsichgehen. Die äußere Welt sieht sich gern als die eigentliche an; das Innere nimmt sie nur hinzu, als ein etwas schwächliches Abseits, wohin der Mensch sich rettet, wenn er in der Hauptsache nicht mehr mitkann. Einst werden die Dinge richtiggestellt. Was jetzt schweigt, wird als das Starke deutlich werden. Was verborgen ist, als das Ausschlaggebende. Die Gesinnung wird wichtiger sein als die Tat; die Wesenhaftigkeit schwerer wiegen, als der Erfolg ... Aber auch so stimmt es noch nicht, sondern Innen und Außen werden eins sein. So viel wird das Äußere wirklich sein, als es vom Inneren gerechtfertigt wird. Was nicht auch innen ist, wird zerfallen. Nur das wird in die neue, ewige Schöpfung eingehen, was von innen her getragen und wahr ist. [...]

Wir werden ja doch belehrt, daß wir aus dem ewigen Wort des Vaters stammen; so könnte man sich denken, daß auf dem Grunde unseres Wesens immerfort ein stilles Reden jenes ewigen Wortes geschieht, und von dorther unser Dasein seines Sinnes inne ist ... Freilich spricht dieses Wort in eine Wirrnis hinein, denn der Mensch ist keine reine Wirklichkeit, welcher das ewige Wort sich lauter eingestalten könnte. Es wird in ihm mißverstanden und verzerrt. Eitelkeit, Torheit und Phantasterei nehmen den Sinnstrom, den das ewige Wort ihm einspricht, um sich selbst darin zu bestätigen. Und nicht nur im Weltlichen, sondern auch im Religiösen. Wir tun gut, es uns immer wieder zu sagen, daß nicht nur unsere Weltlichkeit der Erlösung bedarf, sondern auch unsere Frömmigkeit. Alles Schlimme im Menschen wirkt auch im Religiösen und da am meisten. So bleibt das dunkle, verborgene Wort Gottes in uns verworren, solange nicht sein helles, offenes Wort herantritt und von uns aufgenommen wird. Das aber ist Christus. Erst durch ihn wird jenes lautlose Sprechen recht und klar.

Gott kann aber auch anders zu uns reden, vom geraden Gegenpol her, nämlich durch alles, was es gibt und was geschieht. Denn alles kommt ja von Ihm, und kommt immerfort von Ihm. Gottes Schaffen stellt nicht die Dinge hin und läßt sie dann los, sondern sie sind immerfort durch Ihn. Johannes sagt uns, daß alles durch das Wort des Vaters geschaffen ist; durch sein Wort Dasein, Wahrheit und Wert hat. So ist jedes Ding ein Mund, durch welchen das ewige Wort redet; jeder Baum und jedes Tier, die Weite des Himmels, der Berg und das Meer, das Gerät vor mir und die Speise, die ich esse. Es gibt Menschen, welche diese Sprache, tausendfältig und doch immer gleich, deutlich vernehmen. Irgendwie, zu gewissen Stunden oder in gewissen Augenblicken, fühlen wohl viele einmal diese Botschaft der Dinge. Die meiste Zeit freilich nicht, und manche Menschen vielleicht nie. Unbewußt müssen wir sie aber doch wohl alle empfinden, denn das Dasein wäre ohne sie unmöglich. Was macht denn, daß wir zu den Dingen Fühlung haben und sie verstehen? Doch nicht die Begriffe, sondern ein inneres Bezogensein – und noch die Begriffe selbst sind mehr als nur »Begriffe«. Vielleicht können wir die Dinge nur deshalb verstehen, weil wir aus ihnen jenes innere Reden des ewigen Wortes vernehmen.

Der Herr, 1938

Das Böse und die Gnade

STURZ IN DAS NICHTS

Der Sünde ist nur Gott gewachsen. Er allein vermag sie zu durchblicken, zu ermessen, zu beurteilen. Ihr geschähe damit ihr Recht; der Mensch aber, der sie begangen, würde zerbrechen. »Gnade« bedeutet, daß Gott hat Gerechtigkeit schaffen, aber den Menschen retten: daß er hat lieben wollen. Er ist Mensch geworden, und so ist ein Wesen erstanden, das Gottes Ebenbürtigkeit der Sünde gegenüber in einem menschlichen Dasein verwirklichte. In einem Menschengeiste und Herzen und Leibe vollzog sich die Abrechnung Gottes mit der Sünde. Das war das Dasein Jesu.

Jenen Sturz den Menschen in das Nichts, der sich in der Empörung gegen Gott vollzog, und worin das Geschöpf nur zerbrechen und verzweifeln konnte, hat Er in der Liebe, wissenden Geistes, freien Willens, fühlenden Herzens durchgelebt. Um so größer die Vernichtung, je größer Der ist, den sie trifft. Niemand ist *so* gestorben, wie Christus starb, weil er das Leben selbst war. Niemand ist für die Sünde gestraft worden wie er, weil er der Reine war. Niemand hat den Absturz in das böse

Nichts so erfahren wie er – bis zu jener furchtbaren Wirklichkeit, die hinter dem Worte steht: »Mein Gott, warum hast Du mich verlassen?« – weil er der Sohn Gottes war. (Mt 27,46) Er ist wirklich »vernichtigt« worden. Er mußte sterben, da er doch noch jung war. Sein Werk wurde ihm erstickt, als es hätte aufblühen können. Seine Freunde wurden ihm genommen; seine Ehre zerstört. Nichts hatte er mehr, und nichts war er mehr: »Ein Wurm, und nicht ein Mensch«. So ist er in einem unausdenklichen Sinne »hinabgestiegen zur Hölle«, welche das Reich ist, wo das böse Nichts regiert. Nicht nur als Zerbrecher der Fesseln – das auch; aber erst, nachdem er es in einer andern, furchtbaren, nur zu ahnenden Weise getan.

Da hat er, der unendlich geliebte Sohn des ewigen Vaters, die absolute Tiefe, den Grund des Bösen erreicht. Er ist bis zu jenem Nichts vorgedrungen, aus dem die Neue Schöpfung geschehen sollte: die »re-creatio«, wie die Alten sagen, die Wieder-Schöpfung des bereits seienden, aber zum Nichts abstürzenden Geschaffenen in neues Sein: in den Neuen Menschen, den Neuen Himmel und die Neue Erde. [...]

Von dem, worum es sich da handelt, versteht man vielleicht etwas, wenn man sieht, wie ein geliebter Mensch blind oder schwach oder verwirrt oder verhärtet ist, man ihn herausreißen möchte und nicht kann. Dann fühlt man, daß man um sein ganzes Sein müßte herumgreifen können; bis zum eigentlichen Kern hindurchgreifen; bis in jene letzte Tiefe hinablangen, wo die Wurzeln seines Seins liegen, wo er an Nichts grenzt ... Oder wenn man auf sich selbst blickt, und sieht: Das ist geschehen; das habe ich erlebt; das habe ich getan und unterlassen; jenes sollte ich; hier versage ich; bin verfangen in Blindheit, Schwäche, Feigheit, Gewöhnung, Trotz. Dann fühlt man: Ich müßte aus mir selbst heraus. Von mir los. Zu Gott hin, ins Freie, ins Heilige. Aber ich kann nicht. Eine Kraft müßte kommen, die mich an jenem Innersten, Fernsten und zugleich

Letzt-Eigenen faßte und herumwürfe ... Denken wir von hier aus weiter, in Christus hinein: Worum es ihm ging, waren die Menschen. Alle Menschen; und Jeder unter ihnen mit seinem ganzen Schicksal. Die Welt, die ihren letzten Sinn vom Menschen her bekommt; das Dasein. Das alles in seinem undurchschaubaren Trug; in seiner unentwirrbaren Verworrenheit; in seiner das ganze Sein bestimmenden Abwendung von Gott; in seiner wie Bergwurzeln hinabgreifenden Verhärtung – das alles sollte er zu Gott hin lösen, indem er es auf sich nahm, durchwußte, durchlebte, durchlitt. Sollte leidend, verbrennend hinabtauchen bis zu jener letzten Tiefe, Ferne, Mitte, wo die heilige Macht, die aus Nichts die Welt geschaffen hat, neu aufbrechen konnte. Dort, aus diesem Nichts, erstand die Neue Schöpfung.

Der Herr, 1938, S. 538–540

FREIHEIT AUS GNADE

Blickt man von hier aus zurück, dann sieht man aber, daß die Gnade nicht nur im Bereich des neuen, durch die Erlösung ermöglichten Lebens die Vorbedingung der Freiheit bildet, sondern daß auch sonst, wenn Freiheit sich entfalten soll, ein Element von besonderer Art erfordert ist, das man als gnadenartig bezeichnen muß: eine Großmut des Daseins gleichsam, die auf die Großmut seines Schöpfers hinweist.

Dabei wird, wie schon die Wortbildung anzeigt, der Begriff in einem uneigentlichen Sinne genommen, der noch deutlicher entwickelt werden soll. Die Offenbarung steht zum unmittelbaren Dasein in einem eigentümlichen Verhältnis. Was durch sie zum Menschen gelangt, kommt aus der reinen Vorbehaltenheit Gottes. Es bildet weder eine höhere Stufe, noch eine tiefere Verinnerlichung der Weltmöglichkeiten, sondern unterscheidet sich von allem, was von diesem her gedacht werden kann. Es ist, um das etwas unbestimmte Wort zu brauchen, »übernatürlich«. Der Gott der Offenbarung ist aber der gleiche wie jener, der auch die Welt geschaffen hat; so besteht zwischen Offenbarung und Welt keine bloße Unterschiedenheit. Der Schöpfer hat die Welt auf die Offenbarung hingeordnet, und diese Grundtatsache des Daseins ist auch durch die Sünde nicht aufgehoben worden. Überall finden sich in der Welt Vorentwürfe, aus denen, wenn sie für sich bleiben, gewiß kein einziger Inhalt der Offenbarung abgeleitet werden kann; wenn diese aber erfolgt, dann kommt, wie Johannes sagt, der Logos, »durch den alles geschaffen wurde, was geschaffen ist«, »in sein Eigentum«; und das Geschaffene bleibt sein Eigentum, auch wenn es sich durch die Sünde wider ihn stellt und »die Seinen ihn nicht aufnehmen«. (Joh 1,3.11) So fällt von der Offenbarung her auch ein Licht auf die Dinge der Welt; ja es gilt der scheinbar paradoxe Satz, daß das entscheidende Wort über die Wahrheit der letzteren nicht aus ihnen selbst, sondern erst aus der Offenbarung heraus gesprochen wird. Anders ausgedrückt: die Wesens- und Wertgehalte des unmittelbaren Weltdaseins gewinnen ihre letzte Klarheit und Verwirklichung erst in jener Hut, welche die Erlösung über sie wölbt ... Das Wort »Gnade« hat also an sich eine genaue Bedeutung, die nicht verwaschen werden darf, wenn die Offenbarung sich nicht in eine fragwürdige Philosophie auflösen soll. Trotzdem ist wahr, daß sich überall in der Welt Erwartungsstellen, Entsprechungserscheinungen, Vorentwürfe auf die eigentliche Gnade hin finden, die freilich erst durch die positive Offenbarung selbst aufgehellt und entfaltet werden.

Freiheit, Gnade, Schicksal, 1942, S. 125–126

Kirche und Freiheit

DAS ERWACHEN DER KIRCHE IN DER SEELE

Ein religiöser Vorgang von unabsehbarer Tragweite hat einge-
setzt: die Kirche erwacht in den Seelen.

Das will recht verstanden sein. Vorhanden war sie stets, und
allezeit hat sie für den Glaubenden Entscheidendes bedeutet.
Er hat ihre Lehre aufgenommen und ihre Weisungen befolgt;
ihr starkes Sein war ihm Halt und Zuversicht. Als aber die individualistische Entwicklung seit dem ausgehenden Mittel-
alter eine gewisse Höhe erreicht hatte, wurde die Kirche nicht
mehr als Inhalt des eigentlichen religiösen Lebens empfunden. Der Gläubige lebte wohl in der Kirche und war von ihr geführt; er lebte aber immer weniger die Kirche. Das eigentliche
religiöse Leben neigte immer mehr in den Bereich des Persönlichen. So wurde die Kirche als Grenzwert dieses Bereiches
empfunden, vielleicht sogar als ein diesem Bereich Entgegen-
gesetztes. Auf jeden Fall als ein Etwas, das dem Persönlichen
und damit dem eigentlich Religiösen Schranken zog. Und je
nach der Gesinnung des einzelnen erschien diese objektive Regelung wohltätig, oder unvermeidlich, oder drückend.

Dies alles ist natürlich einseitig hervorgehoben. In Wirklichkeit wurde es von sehr vielen Ausnahmen unterbrochen; Über-

gang und Entwicklung machten das Bild noch mannigfaltiger. Auch ihr Großes hatte diese Sinnesart. Sie wird heute mit Schlagworten bekämpft, aber man müßte fragen, was sie im Ganzen des religiösen Lebens Wertvolles hervorgebracht hat. Vielleicht wird es dafür Zeit, gerade weil wir innerlich Abstand von ihr gewinnen.

Worin hatte diese Haltung ihren Grund? Das wurde bereits angedeutet: im Subjektivismus und Individualismus der neuen Zeit.

Die Religion wurde als etwas empfunden, das nur dem Bereiche des Subjektiven angehörte. (Hier ist nicht von bewußten wissenschaftlichen Theorien die Rede, sondern davon, wie die Zeit seelisch gerichtet war.) Die religiöse Gegenständlichkeit, die Kirche, war für den einzelnen vor allem eine Regelung dieses eigentlichen religiösen Gebietes; eine Sicherung gegen die Unzulänglichkeiten der Subjektivität. Was darüber hinausging, das Objektive in seiner zweckfreien Hoheit und die Gemeinschaft als Wert in sich, stand der Persönlichkeit vielfach kalt und seelisch unverarbeitet gegenüber. Selbst die Bejahung und die Begeisterung, die ihm entgegengebracht wurden, war in vielem äußerlich-individualistisch und hatte, psychologisch genommen, manche Ähnlichkeit mit dem früheren »Patriotismus«. [...]

Das macht sich auch im Religiösen geltend. Was nicht unmittelbar psychologisch oder logisch gegeben war, hatte keine zwingende Gewalt, überzeugte nicht ohne weiteres. Sicher war dem einzelnen nur, was er persönlich erlebte, empfand, ersehnte, und andererseits die Begriffe, Ideen und Forderungen seines Denkens. So mußte auch die Kirche nicht als in sich ruhende religiöse Wirklichkeit, sondern als Grenzwert des Subjektiven empfunden werden; nicht als leibhaftiges Leben, sondern als formale Einrichtung.

Auch individualistisch, zersplittert, gemeinschaftslos war das religiöse Leben. Der einzelne lebte für sich. »Ich und mein Schöpfer« war für viele die ausschließliche Formel. Die Gemeinschaft war nichts Ursprüngliches, sondern stand erst in der zweiten Linie. Sie war nicht von vornherein da, sondern wurde bedacht, gewollt, hergestellt. Der eine ging zu den anderen, nahm sich der anderen an, ließ sie zu sich. Aber er stand nicht ursprünglich unter ihnen, nicht mit ihnen in lebendiger Einheit zusammen. Es war keine Gemeinschaft, sondern Organisation; wie überall, so auch im Religiösen. Wie wenig empfanden sich die Gläubigen im Gottesdienst als Gemeinschaft! Wie aufgelöst war dieser innerlich. Wie wenig war der einzelne sich der Pfarrgemeinde bewußt. Wie individualistisch wurde das Sakrament der Gemeinschaft, die »Kommunion«, aufgefaßt!

Etwas anderes kam hinzu und verstärkte diese Haltung: die rationalistische Geistesart der Zeit. Man anerkannte nur, was »begriffen« und »berechnet« werden kann. Die Eigenschaften der Dinge in ihrer unauflöslichen Ursprünglichkeit suchte man durch rechnerisch bestimmte Massenverhältnisse zu ersetzen; das Leben durch chemische Formeln. Statt von Seele sprach man von psychischen Vorgängen. Die lebendige Einheit der Persönlichkeit wurde als ein Bündel von Zuständen und Tätigkeiten angesehen. Unmittelbare Fühlung hatte die Zeit nur mit dem versuchsmäßig Nachweisbaren. Daß etwas hinter dem sinnlich Bemerklichen liege, mußte immer erst durch besondere Überlegung glaubhaft gemacht werden. Schon die geheimnisvolle Tiefe in der Einzelpersönlichkeit, das Strömende, Lebendige in ihr war fragwürdig. Die überpersönliche Einheit der Gemeinschaft vollends wurde überhaupt nicht gesehen. Man faßte sie als bloße Zusammenfügung von Einzelwesen, als eine Ordnung von Zwecken und Mitteln. Unzugänglich lag ihr geheimnisvoller Untergrund, das Schaffende in ihr und die organischen Gesetze des Gemeinschaftswerdens und -wachsens.

Dies übte naturgemäß seinen Einfluß auch auf das Bild von der Kirche. Sie erschien vor allem als religiöse Zweck- und Rechtsanstalt. Das Mystische an ihr, alles, was hinter den greifbaren Zwecken und Einrichtungen steht, was sich im Begriff des Reiches Gottes, des mystischen Leibes Christi ausdrückt, wurde nicht unmittelbar empfunden.

Die Kirche ist die ganze Wirklichkeit, gesehen, gewertet, gelebt durch den ganzen Menschen. In ihr allein ist die Ganzheit des Seins; das Große darin und auch das Kleine, seine Tiefe und seine Oberfläche, Adel und Unzulänglichkeit, Armseligkeit und Kraft, Außergewöhnliches und Alltägliches, Einklang und Zerrissenheit. Alle Güter, in ihren Abstufungen, gewußt, bejaht, gewertet, gelebt. Und das alles nicht von einem besonderen Artbild aus, sondern aus der Ganzheit des Menschlichen.

Die Ganzheit des Wirklichen, erlebt und gemeistert durch die Ganzheit des Menschlichen; das ist, von hier aus gesehen, die Kirche.

Die Fragen, um die es sich hier handelt, sind Totalitätsprobleme. Hier kann man keine Stücke herauslösen. Jede Teilfrage ist nur aus dem Ganzen, und das Ganze nur aus der Fülle des einzelnen recht zu sehen. Dazu aber braucht es ein Subjekt, das selbst Ganzheit ist, und das ist die Kirche. Sie ist die einzige in ihrem Kern nicht einseitige Lebenseinheit. Ihre lange Geschichte hat sie zum Sammelbecken der Menschheitserfahrungen gemacht. Vermöge ihrer übervolklichen Größe lebt sie aus dem Ganzen der Menschheit heraus. In ihr denken und leben Menschen verschiedenen Geschlechts, Alters und Charakters. Alle Schichten der Gesellschaft, alle Berufe und Begabungen tragen das ihre bei, die Wahrheit voll zu sehen, die Ordnung des Lebens richtig zu erfassen. Alle Stufen der sittlichen und religiösen Vollkommenheit stehen in ihr, bis zum Heiligen.

Und diese ganze Fülle ist zur Tradition gefügt, zur organischen Einheit geworden. Die Tatsachen der Oberfläche sind den tieferen untergeordnet; die Mittenwerte stehen über dem, was nur Randbedeutung hat. Grundfragen der Lebenshaltung sind durch Jahrhunderte erwogen worden; so konnte der ganze Umfang des Seinsbestandes erfaßt, und die Lösung ganz durchgereift werden. Einrichtungen haben sich in verschiedenen Zeitaltern und Kulturweisen bewähren müssen und klassische Vollendung erreicht. So haben wir hier, schon rein natürlich gesehen, eine Erkenntnis-, Wertungs- und Lebensganzheit gewaltigster Art. Darin lebt das Übernatürliche. Der Heilige Geist wirkt in der Kirche und hebt sie über die Bindung des Menschlichen hinaus. Von ihm ist gesagt, daß er »alles erforscht«. Er ist der Geist der Zucht und der Fülle. Ihm ist »alles übergeben«. Er ist der Erleuchter und die Liebe. Er weckt die Liebe, und nur die Liebe sieht richtig. Er »ordnet die Liebe« und macht, daß sie Wahrheit wird, hellsichtig für Christus und sein Reich. Er wirkt das »Wahr-Sein in der Liebe«. So hat die Kirche »eine Höhe über dem Menschen« und über der Welt und kann dem ganzen Menschen und der ganzen Welt gerecht werden.

Lebendiger Ausdruck dieser Lebensganzheit ist das Dogma, die verbindlich ausgesprochene übernatürliche Wahrheit. Darin offenbart sich das richtige Sehen der gesamten Glaubenswirklichkeit durch den ganzen Menschen. Es wiederum bestimmt die katholische Haltung des einzelnen der Wahrheit gegenüber.

Lebendiger Ausdruck dieser Lebensganzheit ist jene Form des religiösen Verhaltens, worin der ganze Mensch zum ganzen Gott in übernatürliche Gemeinschaftsbeziehung tritt, die Liturgie. Sie bestimmt die katholische Haltung gegenüber dem Religiösen im engeren Sinne.

Vom Sinn der Kirche, 1922, S. 187–191

Hier war es, wo die Kirche der persönlichen Erfahrung und Ueberzeugung gegenübertrat. Kardinal Hugolin, zusammen mit Elias von Cortona, dem Franziskus die Leitung des Ordens übertrug – ich wies auf die tiefe Symbolik hin, die darin liegt, daß dieser Elias es gewesen zu sein scheint, der in jener Zeit der ersten großen Not verstehend neben Franziskus gegangen war – rangen dem steten Widerstand des heiligen Franz jenes Maß von Bindung, Ordnung, Einankerung in die soziologischen Wirklichkeiten, jenes Maß von Kultursättigung, von Besitz und Wissenschaft ab, das nötig schien, um diese strömende Flut, die ebenso zerstören wie befruchten konnte, zu formen.

Und da scheint mir das Heroisch-Große in Franziskus Dieses zu sein:

Er hat nicht eingesehen, daß jene Anpassung seines ursprünglichen Wollens nötig sei. Er hat den Gedanken der vollen Gelöstheit von allem, des radikalen und ausschließlichen Sich-Stellens auf Gott, für den ganzen Orden und für alle Zeiten, festgehalten. Aber er hat den Willen der Kirche gehört und ihr gehorcht. Der Soldat versteht das wohl noch, und sonst der Eine oder Andere, der weiß, was Befehlen und Gehorchen ist; wirkliches, nicht pädagogisch-aufgelockertes. Sonst ist es weithin vergessen. Dem Einzelnen steht eine Wirklichkeit gegenüber, die nicht aus seinem Urteil, sondern von Gott her legitimiert ist, und Christi Autorität trägt: »Wer euch hört, der hört mich.« Von ihr muß wohl der Einzelne einsehen, daß sie von Gott her legitimiert, daß sie wirklich »Kirche« ist. Hat er das aber erkannt und seine Treue gegeben, dann braucht er im Einzelnen nicht einzusehen, wie ihr Gebot richtig ist. Er ist doch gebunden, sobald er legitim erfolgt. Ja er kann es nicht immer einsehen, denn hier steht die geformte Ganzheitwirk-

lichkeit, die ihm, dem Einzelnen entgegentritt, und sie über-
schreitet sein Einzel-Urteil. Hier vollzieht sich Gehorsam in
seiner schwersten und lautersten Form, der nackte Gehorsam.
Er trägt in sich jene Spannung, die für immer ausgesprochen
und geheiligt ist in den Worten von Gethsemane: »Wenn es
möglich ist, so laß diesen Kelch an mir vorübergehen; doch
nicht wie ich will, sondern wie Du willst.«

Es ist Geheimnis des Reiches Gottes, daß sein Leben zwei
Brennpunkte hat: Den individuellen und den der Ganzheit, der
Kirche. Man kann sie nicht von einander ableiten; sie stehen
beide in sich. Sie weisen beide auf ein Letztes, Eines hin. Und
dennoch kann man sie nicht einssetzen. Manchmal nähern sie
sich so sehr, daß sie fast in Eines wachsen; und doch ist es immer noch ein Fast. Die Spannung bleibt. Manchmal aber treten
sie ganz weit auseinander, und es ist, als müsse die Seele zerbrechen vor der Fremdheit und Härte, die da herüberspricht.

In Spiegel und Gleichnis, 1932, S. 312–313

WERDEN DER NEUEN SCHÖPFUNG

Paulus und Johannes rücken das Glauben in eine enge Beziehung zum Sakrament. Bei ersterem gehen Glaube und Taufe
fast ineinander über; an gewissen Stellen erscheinen sie wie
verschiedene Ausdrucksformen der gleichen Tatsache. Bei Johannes, in der großen Rede von Kapharnaum, erscheinen der
Glaube an das Wort und das Essen der eucharistischen Speise
wie verschiedene Verdichtungsformen der gleichen Wirklichkeit.

Was ist denn ein Sakrament? Eine von Christus in das Weltgeschehen hineingestiftete, wirkende Gestalt. Ein heiliges, gesetztes Zeichen, worin sich immerfort das Werden der Neuen

Schöpfung vollzieht. Nicht nur Erhebung und Heiligung des Geistes, sondern Neu-Werden des Menschen. Der ganze Mensch, und von ihm her die ganze Schöpfung, werden im Sakrament neu. Die Menschwerdung des Herrn, seine Auferstehung, das Sakrament, das heilige Bild, die Auferstehung des Menschen und die neue Schöpfung – diese Wirklichkeiten sind durch einen tiefen Zusammenhang verbunden. Es sind jene Geheimnisse, die von den Idealismen, Spiritualismen, Subjektivismen aller Zeiten angegriffen, von der Kirche aber mit unbeugsamer Energie verteidigt worden sind. Sie bilden die Schutzlinie der Erlösung. An ihr entscheidet sich, ob sie als Wirklichkeit geglaubt, oder bloß als Idee und Erlebnis genommen wird. Das Wesen des Glaubens steht in dieser Linie. Ein Glaube ohne Sakrament ist im Letzten nicht christlich – so wenig ein Glaube ohne Wunder es ist.

Wille und Wahrheit, 1933, S. 158-159

FÜLLE DER GESCHICHTE

Ist nun die Kirche, wie wir sie heute kennen, die gleiche, wie sie im offenen Kommen des Gottesreiches gewesen wäre?
Kirche sollte sein; Jesus hat keine individualistische Gläubigkeit gewollt. Aber doch wohl eine Kirche des Vertrauens, der Freiheit und der Liebe. Damit ist keine »geistige Kirche« gemeint, die nicht Leib würde; keine pneumatische Kirche, die nicht wirklich in Geschichte eingehen könnte. Immer wäre Gliederung und Ordnung gewesen; Amt und Unterschied der Befugnisse, Führende und Geführte, Priestertum und Laien; Lehre in Autorität und Annahme in Gehorsam. Doch in Freiheit, Vertrauen und Liebe. Dann aber ist der zweite Sündenfall geschehen, die Auflehnung gegen den Sohn Gottes, und von da

her liegt in der Kirche die Gefahr, die heilige Ordnung als »Gesetz« mißzuverstehen und zur Unfreiheit zu mißbrauchen.

Was ist also die Kirche heute?

Die Fülle der in der Geschichte wirkenden Gnade. Das Geheimnis der Einheit, in welche Gott durch Christus die Schöpfung zieht. Die Familie der Kinder Gottes. Der Beginn des neuen, heiligen Volkes. Die grundgelegte heilige Stadt, welche einst offenbar werden soll ... Zugleich liegt aber in ihr auch die Gefahr der Unfreiheit, des »Gesetzes«. Wenn wir von der Kirche reden, dürfen wir nicht tun, als ob es in Ordnung wäre, daß Christus abgelehnt worden ist und gelitten hat. Es ist nicht in Ordnung. Die Erlösung sollte nicht so geschehen. Daß sie so geschah, hat der Frevel der Menschen verschuldet, und die Folgen sind in das christliche Dasein eingegangen. Wir haben weder die Kirche, die damals hätte werden können, noch jene, die einst sein wird. Wir haben die Kirche, welche die Folgen der vollzogenen Entscheidung in sich trägt.

Dennoch bleibt sie das Geheimnis der Neuen Schöpfung.

Der Herr, 1938, S. 325

KIRCHE UND FREIHEIT

Was aber die Schrift angeht, so ist sie selbst lebendiges Element der Kirche: aus ihr herausgewachsen; im Laufe des ersten Jahrhunderts vollendet; um die Wende des Jahrhunderts durch eben diese Kirche zum gültigen Kanon zusammengefaßt. Von der Kirche Christi her ergeht an den einzelnen immer aufs neue die Aufforderung, die eigene Seele zu geben, damit sie in ihrer Neuheit und Eigentlichkeit wiederempfangen werde.

Diese Aufforderung ist so, daß sie sich vom autonomen Willen des jeweils Angeredeten nicht formen läßt, sondern sie spricht aus einer Wirklichkeit heraus, die seinem Belieben entzogen ist. Wenn er die Botschaft mißversteht, korrigiert sie ihn. Wenn er sich Christus nach eigenem Willen zurechtdenkt, verteidigt sie sein Bild. Wenn er aus Christi Gestalt wegstreicht, was ihn ärgert, dann betont sie es. In dieser beständigen Begegnung mit der konkreten, zur gleichen Zeit lebendigen Kirche wächst die Gestalt Christi immer wieder zu ihrer unversehrten Souveränität empor und bezeugt den Vater, wie er ist. Das alles heißt: der Schritt, der wirklich in die Freiheit des Glaubens an die volle Wirklichkeit Christi und durch ihn an die Souveränität des lebendiges Gottes geführt hat, ist der Glaube, daß in der Kirche Christus redet, so daß, wer sie hört, ihn selbst hört (Lk 10,16).

Dieser Satz mag seltsam klingen in einer Zeit, für die es selbstverständlich geworden war, wer sich zur Kirche entschließe, verliere die Freiheit des Evangeliums. [...] ich bin nie daran irre geworden, daß die Kirche wirklich Erzieherin zur christlichen Freiheit sei. Welche Freiheit natürlich etwas ganz anderes meint als die psychologische Möglichkeit zu wählen, was sympathisch ist, oder die philosophische Autonomie zu urteilen, was nach eigenen Maßstäben richtig erscheint. Sie meint, daß der Glaubensbereite von der Bindung durch psychologische, soziologische, historische und welche Voraussetzungen immer zur vollen Wirklichkeit des sich selbst in Christus offenbarenden Gottes befreit wird, und ich denke, ein solches Zeugnis hat Anspruch darauf, ernst genommen zu werden ...

Der Schritt in die Kirche ist ein echter Glaubensschritt und das Stehen in der Kirche ein echtes Glaubensverhältnis. So enthalten sie die ganze Überwindung und Gefahren eines solchen.

Die Kirche des Herrn, 1965

Quellennachweis

Alle Autorenrechte liegen bei der Katholischen Akademie in Bayern.
Die Texte wurden folgenden Ausgaben entnommen:

Briefe vom Comer See, Mainz 1927

Christliches Bewusstsein. Versuche über Pascal, München
    1962

Der Engel des Menschen, in: Wahrheit und Ordnung. Universi-
    tätspredigten, Heft 6, Würzburg 1956

Der Heilbringer in Mythos, Offenbarung und Politik. Eine
    theologisch-politische Besinnung, Mainz 1979

Der Herr. Betrachtungen über die Person und das Leben Jesu.
    Würzburg 1938

Die Annahme seiner selbst, Würzburg 1953

Die Engel, in: Wahrheit und Ordnung. Universitätspredigten,
    Heft 27, Würzburg 1960

Die Kirche des Herrn. Meditationen über Wesen und Auftrag
    der Kirche, Würzburg 1965

Engel – Theologische Betrachtungen, Mainz 1995

Felix Klein, Madeleine Sémer (1874–1921), Mainz 1952

Freiheit, Gnade, Schicksal. Drei Kapitel zur Deutung des Da-
    seins, München 1949

In Spiegel und Gleichnis. Bilder und Gedanken, Mainz 1932

In Spiegel und Gleichnis. Bilder und Gedanken, 2., neubearbei-
    tete Auflage Mainz 1932

Jean-Pierre Caussade, Ewigkeit im Augenblick. Von der Hingabe an die göttliche Vorsehung, Freiburg ⁴1955

Johanneische Botschaft. Meditationen über Worte aus den Abschiedsreden und dem ersten Johannes-Brief, Würzburg 1962

Vom Geist der Liturgie, Freiburg 1957

Vom Sinn der Kirche, Mainz 1922

Vom Sinn der Schwermut, Mainz 1983

Welt und Person. Versuche zur christlichen Lehre von Menschen, Würzburg 1939

Wille und Wahrheit. Geistliche Übungen, Mainz 1937

Der theologische Klassiker

Romano Guardini
Der Herr
Betrachtungen über die Person und
das Leben Jesu Christi

Format 12 x 20,5 cm
752 Seiten
Leinen mit Schutzumschlag und Leseband
ISBN 978-3-7867-2661-6

Grünewald / Schöningh

Guardini zeichnet hier behutsam die Gestalt Jesu Christi
nach, wie sie uns in den Evangelien entgegentritt, weist auf
das Geheimnis seiner Person hin, ohne es auflösen zu
wollen. Die historisch-kritische Exegese hat inzwischen
viel neues Detailwissen zutage gefördert. Guardinis Betrachtungen reichen jedoch in jenen Raum hinein, der
jenseits dessen, was die exegetischen Methoden vermögen,
beginnt. Vor dem Hintergrund zeitgenössischer Ausei-
nandersetzungen mit Jesus-Bildern in Film und Literatur
sind Guardinis Betrachtungen erstaunlich aktuell.

Matthias-Grünewald-Verlag
der Schwabenverlag AG
www.gruenewaldverlag.de

Jeden Tag Lebensweisheit

Romano Guardini
Lesebuch der Lebensweisheit
Täglich ein Text
Mit einer Einführung von Franz Henrich
Auswahl der Texte: Jakob Laubach
Neuausgabe

Format 12 x 19 cm
112 Seiten, Hardcover, mit Leseband
ISBN 978-3-7867-2613-5

Romano Guardini hat mit seinen wegweisenden Werken ganze Generationen von Christen geprägt. Wer sich von diesem spirituellen Begleiter durch das Jahr anregen lässt, findet darin den Geist und die Weite eines großen Denkers des 20. Jahrhunderts wieder, der sich immer aufs Neue auf die Suche nach tragfähigen Antworten auf die großen Fragen des Lebens begeben hat. Das macht seine Worte so glaubwürdig und die Sammlung zu einem einzigartigen Lesebuch der Lebensweisheit.

Matthias-Grünewald-Verlag
der Schwabenverlag AG
www.gruenewaldverlag.de

Klassiker der Liturgie

Grünewald / Schöningh

Romano Guardini
Vom Geist der Liturgie
Neuausgabe

Format 13 x 21,5 cm
96 Seiten
Hardcover
Kooperation mit Schöningh
ISBN 978-3-7867-2684-5

Romano Guardini gilt als einer der maßgeblichen Wegbe-
reiter der Liturgiereform. »Vom Geist der Liturgie« gehört
zu den bedeutendsten Werken der Liturgischen Bewegung,
das auch heute noch überraschend aktuell ist.
Guardini geht es nicht in erster Linie um die Vermittlung
historisch überkommener Formen und Riten, sondern viel
grundsätzlicher um die »Liturgiefähigkeit« der Menschen,
um die inneren Voraussetzungen für den Mitvollzug der
Liturgie. Für alle, die nach einer echten, lebbaren Spiritua-
lität suchen, bietet Guardinis mittlerweile klassisch
gewordene Schrift wertvolle Hilfe und Anregung.

Matthias-Grünewald-Verlag
der Schwabenverlag AG
www.gruenewaldverlag.de